［新訂版］

★★★★★

東京　五つ星の鰻と天麩羅

見田盛夫　選

東京書籍

［新訂版］東京　五つ星の鰻と天麩羅　目次

❖天麩羅の名店厳選52軒

❖泥鰌の名店厳選5軒

❖郊外の鰻の名店厳選6軒

まえがき

東京には何でもある。

日本全国の味はもとより、世界中の料理や酒がある。都心に近いとはいえ、わが家がある住宅地近くの街でも、フランス、中国、インド、韓国料理なんぞは序の口で、エジプト料理があるな、と見ていたら、ペルー料理屋まで出現してしまった。それらはいわば国旗を背負った風の料理屋ではなく、その国の日常生活でごく普通に食べられている料理を、民族色をにじませながらもこぢんまりと、でも生き生きと提供してくれている。今や東京では、皿の上だけでなら、ヒマラヤ山中から地球の裏側へまでも行けるようになった感がある。

東京の、この国際的な味のオン・パレードのなかで、最も東京らしいうまいもの、それに加えて江戸の趣を色濃く残すものといえば……。即座に挙げられるのは、すし、そば、天ぷら、うなぎ、どじょうだろうか。あるとき、ふと気づいたことがある。これらの食べ物はどれも、その料理だけで一軒の店を張っていることが多いということだ。これは、なかなか大したことではないか。

それで、この本の向かうところはうなぎ、天ぷら、どじょうだ。なぜかといえば、すし、そばの店々は盛んで、数も多く、質も多様だ。一方うなぎ、天ぷら、どじょうの店は、その数が増えてゆく様子は見受けられない。この三者には、江戸時代には全くの庶民の食べ物として生まれたという共通点がある。いずれも初めは町角の屋台や辻売り、あるいは店先で気軽に腰掛けて食べるような、ごく雑駁なものだったという。そんな食べ物が、のちの関東大震災、昭和20年の東京大空襲など大きな災害をくぐり抜け、またその度に、人々は着々と店を復興、発展させ、江戸以来の伝統の味を継承して、今日に至っている。

この本が、江戸・東京の庶民の味であるうなぎと天ぷら、そしてどじょうをおいしく味わうための一助になれば、と思う次第である。

2007年6月吉日　見田盛夫

※見田盛夫氏は2010年2月に逝去されました。本書は、故人の遺志を尊重し、著作権継承者の許諾を得て改訂されています。

鰻の名店厳選40軒

うな重には、ふっくらと焼き上がった大ぶりのうなぎが鎮座する。匂いのすばらしいこと

古格を誇る老舗中の老舗

明神下 神田川本店

（みょうじんした かんだがわほんてん）

徳川幕府賄い方を務めていた初代が文化2年（１８０５）、万世橋近くに蒲焼の屋台を開いたのが始まり。現当主の神田茂さんで11代目を数える、東京きっての老舗だ。現在の建物は昭和27年の再建ながら、旧家の屋敷の古材を用いているため、築年数以上の貫禄を備えている。和室のほか、平成18年に増築した洋室も、中庭を眺めながらくつろげると評判がいい。

「昔のままに仕事をするのが老舗の役割」と語る神田さんは、うなぎを割くのも炭火で焼くのも、また家伝のたれで味つけするのも、すべて昔ながらの手仕事で伝統の味を守っている。

うな重などの値段の差は、うなぎの大きさの違いによる。大小にかかわりなくうなぎはすべてふっくらとやわらかく、香ばしい匂いが鼻孔をくすぐる。人気の肝焼はうなぎ6～7尾で1串分しか取れないため、早いうちになくなることが多い。肝はすべて肝焼に使うから、当店の献立に肝吸いはない。街の喧噪を忘れさせてくれる重厚な店内で、老舗の味を堪能したい。

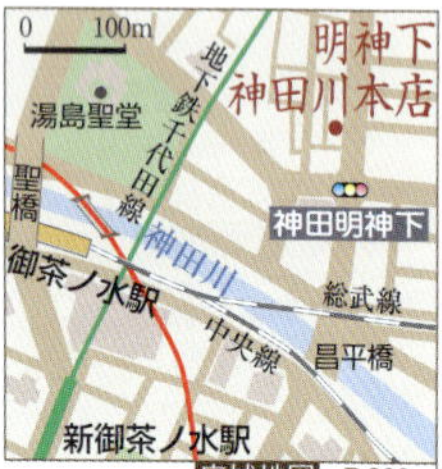

広域地図 P.230

割きに、焼きに、家伝のたれに
この道２００年の歴史がにじむ

上右）味わいやわらかなうざくを、酢漬けのみょうががピリッと引き締める　上左）う巻きは、ふんわりした玉子焼きとの相性を楽しみたい　左）玄関の上がり框（がまち）から、旧家に招かれた気分で座敷へ　下左）老舗ならではの古格を備えた重厚な造りの和室　下右）新築の洋室も和風テイストにあふれている

おしながき

うな重	3700円、4300円
蒲焼	4000円
白焼	2900円、3200円
肝焼	900円
う巻き	1600円
うざく	1000円
吸い物・赤だし	各600円
水菓子	400円
日本酒(1合)	800円
焼酎(グラス)	900円

＊消費税＋サービス料15％別

明神下《みょうじんした》 神田川本店《かんだがわほんてん》

✆ 03-3251-5031

住 千代田区外神田2-5-11
交 JR 秋葉原駅電気街口、または JR 御茶ノ水駅聖橋口から徒歩7分　営 11時30分～入店13時30分、17時～入店19時30分　休 日曜と月曜、祝日　喫 一部可　個 あり　予算 5000円～

２匹づけのうなぎをさらに二重に折り返したうな重(イ)のこの雄姿。見て満足、食べて満足の一品

本場直送のうなぎを大胆に

神田きくかわ 神田店

（かんだきくかわ かんだてん）

先の戦災を免れた神田須田町の一画、戦前から建つ古風なビルに昭和22年から店を開く。うな重などうなぎ2匹づけの豪勢さが界隈の人々に人気だ。三河湾に面した本場・愛知県一色町の専用養鰻《ようまん》場から送られてくるうなぎを、いったん世田谷・上野毛店の立て場に集めて身を調え、その日に使う分だけを生きたまま店に運ぶ。注文を受けてから蒸すため、仕上がるまでに15分～20分かかるが、それでも2匹づけのうなぎでスタミナをつけようと、昼どきには近隣のビジネスマンが列を作る。

重箱からはみ出た身を二重に折り返してあるうな重は、うなぎの大きさで分けて3種類あり、どれも2匹づけだから、味はもちろんボリュームもいうことなし。一品料理ならキャベジン（浅漬け）やほねの唐揚、うなぎハム（塩漬けのうなぎを蒸して太巻きのように巻き、薄くスライスしたもの）が酒の肴に受けている。みやげ用には、真空パックした冷凍の蒲焼やう巻きなどがそろう。

広域地図 P.238

昼夜を問わず客を引きつける うなぎ2匹づけの大胆不敵

上）うなぎハム。見た目はとてもうなぎ料理とは思えない　中右）軽い食感がビールにぴったり、ほねの唐揚　中左）さっぱりした味が舌に新鮮なキャベジン　下右）木の香と温もりに満ちた1階のテーブル席　下左）蒲焼に白焼、うなぎ茶漬け、う巻きなどみやげいろいろ

おしながき

うな重……………………………
　…… イ3250円・ロ4260円・ハ5380円
蒲焼・白焼……………… イ各3160円
特撰丼……………………… 4170円
肝焼……………………… 1本340円
うなぎハム………………… 750円
ほねの唐揚………………… 450円
キャベジン………………… 310円
冷酒………………………… 730円
〈みやげ〉
蒲焼……………………… 3160円〜
折詰弁当………………… 3250円〜
＊消費税別

神田 きくかわ 神田店
かんだきくかわ かんだてん

✆ 03-3251-7925

住 千代田区神田須田町1-24-2
交 JR神田駅東口から徒歩2分
営 11時〜21時（土・日曜、祝日は20時30分まで）
休 月曜（祝日の場合は翌日）　喫 一部可　個 なし
予算 3500円〜

肝吸いつきの鰻重(特上)。鰻重の値段の違いはうなぎの大きさによる

家族全員でタッグを組んで

なかや蒲焼店

（なかやかばやきてん）

古書店が並ぶ靖国通りの南、白山通りを挟んですずらん通りにつづくさくら通り沿いのビル内に店がある。旧東海道の宿場町・原（現沼津市北西部）から明治時代中期に現在の墨田区に移転した本家の暖簾を分けて、初代が昭和21年に開業した。店は2代目主人の高木英雄さんとその次男・三男が継ぎ、一方で長男と高木さんの奥さんが浅草橋の支店を切り盛りしている。

うなぎを割くのは主に次男。三河産の活きうなぎをメインに、米はうなぎと相性のいいあきたこまちを使い、蒲焼やうな重ほか江戸前のうなぎ料理はほとんどそろう。1匹ずつ丁寧に開いたどじょうの柳川鍋も好評だ。コース料理に含まれる鰻三点盛りには、三男が作る「肝のワサビあえ」や「うなぎのぬた」などがあり、伝統の味のほか新しい工夫が花を添えている。

客の声に耳を傾け、そのさまざまな要望にできるだけ応えたいからと、テーブルにはいつもアンケート用紙が用意されている。この姿勢も、長く愛されてきた理由の一つか。

広域地図 P.239

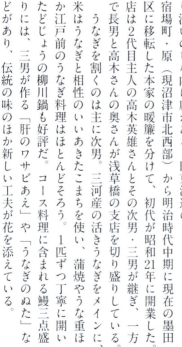

父と次男・三男が本店を母と長男が支店を守るうなぎ一家

コース料理から三点盛り。左からうなぎのぬた、うなぎ押し寿司、肝のワサビあえ

上右）たれが人気の焼鳥（上）と肝焼　上左）通路が広い1階テーブル席。2階には個室風のテーブル席と座敷がある　下右）古くから定番人気を誇る開きどじょうの柳川鍋。大小2種類がある　下左）蒲焼。たれはわりとあっさり味

おしながき

鰻重 ……… 上2500円・特上3000円・組4000円・大名5000円 ＊みやげは各箱代プラス100円	柳川鍋 ……………………2000円
	う巻き ……………………700円
	肝焼（1本）………………450円
白焼重 ……………………3000円	焼鳥（1本）………………250円～
蒲焼・白焼 …… 上2800円・特上3800円	コース料理…………6000円（要予約）

なかや蒲焼店《なかやかばやきてん》

✆ 03-3221-6776

住 千代田区神田神保町2-13
交 地下鉄神保町駅A6出口から徒歩2分
営 11時30分～14時30分、17時～20時30分（土曜は11時30分～14時30分のみ）　休 日曜、祝日
喫 不可　個 あり　予算 昼2000円～ 夜3000円～

吉田町産うなぎのよさを存分に味わえる[特撰] うな重(特上)。ご飯はたれによく合うコシヒカリ

伝統の技に独自の工夫

川勢（かわせい）

ＪＲ飯田橋駅西口を出て正面の早稲田通りを左へ、九段方面へ少し歩いたところに店がある。駅から通りを右に取って外濠を越えれば、近ごろグルメが通う街として名高い神楽坂だが、その街の住人もわざわざ足を運ぶ人気店だ。店主の小出展章さんは、味の秘訣は「最上質のうなぎを注文を受けてから蒸し始め、炭火で丁寧に焼くこと」にあるという。まさに基本の基。叔父が経営する四谷・宮川本廛で修業した技を生かしつつ、たれの味をまろやかにするなど、独自の工夫も怠らない。

定評ある静岡県吉田町産の活きうなぎを用いるうな重は、大きさの違いで分けて4種類。身の割き方や、25分ほどかける蒸し、何度もたれをつけながらの焼きなど、蓋を開けた瞬間に丁寧な仕事ぶりが伝わってくる。ふっくらした身と芳醇な香りに、吉田うなぎのよさのすべてを堪能したい。

前菜と、築地市場で厳選した旬の魚介の刺身盛り合わせ、炭火焼き鳥などがつくコース料理（要予約）はお値打ち感が高い。

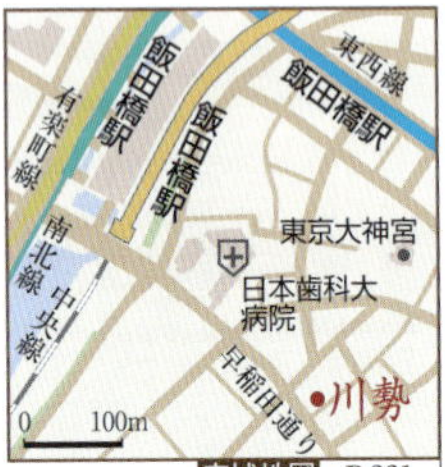

広域地図 P.231

良質な吉田町産を味わう喜び
これぞまさに人生の幸福

左）薬味の生姜を小意気に盛ったうざく　下右）うまきの玉子焼きはふんわり、しっとり　下左）肝やきは1人前にたっぷり14尾分の肝を使う

左）コース料理につく前菜、刺身盛り合わせ、炭火焼き鳥　上）ゆったりと落ち着ける店内では各種の地酒も楽しめる

おしながき

極上うな重	5000円
[特撰]うな重	松3600円・特上5400円
[特撰]中入重	7000円
うまき	2200円
うざく	2000円
焼き鳥	800円
月替わりおすすめ一品料理	600円～
[特撰] うな重コース(要予約)	7000円

＊消費税別

川勢
かわせい

✆ 03-3262-5632

住 千代田区富士見1-7-5
交 JR飯田橋駅西口から徒歩3分
営 11時30分～13時30分、17時～20時
休 土・日曜、祝日　喫 不可　個 なし
予算 昼2000円～ 夜5000円～

脂ののりが最高のうなぎを使う特上うな重定食。定食にはいずれも1匹丸ごと使用する

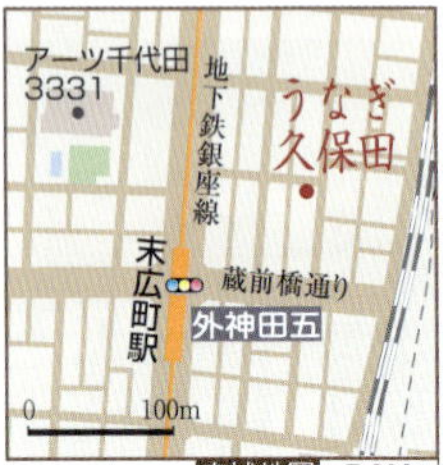

広域地図 P.230

歴史と味を引き継いできた老舗

うなぎ 久保田

(うなぎ くぼた)

明治30年(1897)創業、平成29年で120周年の節目を迎えた川魚問屋直営のうなぎ料理専門店。長い歴史の間には関東大震災や太平洋戦争など苦難の時代もあり、「店の命であるたれを持って避難したそうです。終戦後はバラックで店を再開し、今の建物は昭和48年に完成しました」と3代目女将の久《く》保《ぼ》田《た》守《もり》子《こ》さん。川魚を扱う問屋らしく水をイメージしたブルーの外観は界隈の名物になっている。

九州を中心に愛知や静岡などから取り寄せるうなぎは、汲み上げた地下水で丸2日間浄化させ、当日使用する分だけを割く。白焼にしてから蒸し、たれ漬けと焼きを3回繰り返して仕上げる。1匹ずつ異なる太さや脂ののりを見極めつつ、備長炭の火加減を見ながら絶妙の焼き加減で仕上げていくのは、いずれもこの道数十年の職人だ。焼きあがったうなぎは、さっぱり甘辛のたれとともに舌の上でとろける味わい。この味こそ歴史を重ね、引き継がれてきたのれんの重さを物語っている。

川魚問屋直営ならではの
鮮度のよさと職人技

上）名物として常連が必ず注文する肝焼きは両端に肝焼きと身の部分（蒲焼き）も刺してある。甘辛の味わいが絶品　下左）3代目女将の久保田守子さん　下右）ふんわりやわらかい白焼。蒸さずに皮目をパリッと焼いた関西風塩白焼もある

上）日本酒のラインナップは約30種と居酒屋以上。手に入りづらい銘酒も多い

上左）2階には畳にテーブルを配した個室や座敷を用意
上右）1階の入れ込み席はどことなく江戸の風情が感じられる造り

おしながき

うな重定食	2800円
上うな重定食	3200円
特上うな重定食	3800円
特製中入れ丼定食	4600円
特上蒲焼定食	3300円
白焼定食	3300円
柳川なべ定食	2000円
刺身定食	2300円
白焼(一尾)	2700円
関西風塩白焼(半身)	1300円
肝焼き(二串)	1300円
日本酒一合	700円～

うなぎ 久保田

うなぎ くぼた

✆ 03-3831-6082

住 千代田区外神田5-6-9
交 地下鉄末広町駅2出口から徒歩2分
営 11時～21時（20時LO）
休 日曜、祝日　喫 不可　個 あり
予算 昼1450円～ 夜3800円～

吸い物、お新香つきのうな重(中)はお値打ち感が高く、ひょうたん屋の定番人気

良心的な値段の気取らない店

ひょうたん屋

(ひょうたんや)

銀座1丁目駅からすぐ、昭和通りから一本手前のビル1階にある、一見居酒屋風の目立たない店構え。あずき色の、のれんと木製の看板が目印の銀座で創業60年の老舗のうなぎ店。

うなぎの割き方は背開きの江戸風。焼き方は蒸さずにじかに焼く関西風と、東西両様の調理法を取り入れている。表面はかりっとしていて香ばしく、身はうなぎ独特の脂のうまみを封じ込めて、やわらかさもほどよい。醤油と砂糖だけで作る、こくのある濃いめ辛口のたれを塗っては、お決まりの備長炭で照りよくこんがりと焼き上げる。創業当時からつぎ足しで使っているたれと、ご飯との相性もいい。

外観同様に居酒屋風の店内は、手前にカウンター7席、奥にテーブル10席と、まさにうなぎの寝床のような奥行きのある造り。1人~2人なら、目の前でうなぎを焼く様子が見られるカウンター席がおすすめだ。銀座とは思えない気取りのなさと、良心的な値段に、昼食時には行列ができることもある。

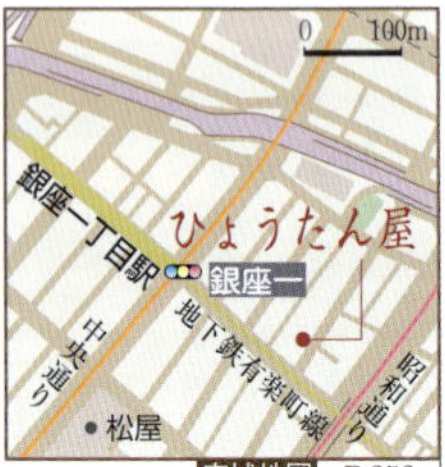

広域地図 P.256

東西両様の調理法が
うなぎの味わいを深くする

上）備長炭の火加減を按配しつつ、手際よくうなぎを焼く　中）焼き上がったうなぎをお重へ　下左）店内奥のテーブル席。4人がけのテーブル２卓と、手前に２人がけの席がある　下右）店内入ってすぐのカウンター席。うなぎを焼く匂いや音も堪能できる

おしながき

うな重…………並2100円(昼のみ)・
　中2500円・上3100円・特上3700円
ねぎ焼き…………………300円
きも焼き…………………300円
もずく酢・若め酢…………各500円
えいのひれ…………………600円
日本酒「冨翁」(上撰・1合)……500円
日本酒「越の誉」(冷酒・300ml)‥800円

ひょうたん屋

ひょうたんや

✆ 03-3561-5615

住 中央区銀座1-13-9
交 地下鉄銀座一丁目駅10出口から徒歩1分
営 11時～14時、17時30分～20時(土曜は11時～13時ごろのみ)　休 日曜と第2・4土曜、祝日　喫 夜のみ可　個 なし　予算 昼2100円～ 夜3000円～

国産の本場ものにこだわった蒲焼は、宮永東山作の簡素な絵柄の磁器で供される

ゆかしい造りの離れが残る

竹葉亭本店

（ちくようていほんてん）

慶応2年（1866）創業。しゃっきりと身ごしらえした和装の仲居さんが出迎えてくれる、端正な数寄屋造りの店だ。当初は現在の新富町にあり、山岡鉄舟道場門下生の刀預かり所を兼ねた留守居茶屋だったが、明治9年（1876）の廃刀令を機にうなぎ屋に転身、以後8代にわたって暖簾を守ってきた。

うなぎは主に愛知県西三河産と静岡県吉田町産を使用し、醤油とみりんのみで作る中辛のたれは、初代から受け継ぐ伝統の味。ほどよく蒸してから備長炭で焼いたうなぎはやわらかく、あっさりしている。陶芸家・宮永東山《みやながとうざん》作のこれも端正な磁器に盛って供され、味わいはいっそう深い。

母屋の裏手には、いずれも大正13年（1924）築の座敷と茶室が建っている。建築当時と変わらぬ閑雅なたたずまいのこの2棟の離れは、会席のみの個室利用（離れは予約したほうがよい）。鰻お丼や定食、うなぎ会席膳、またそのほかの単品類は母屋のテーブル席でいただく。

広域地図 P.257

山岡鉄舟ゆかりの茶屋が うなぎ屋に転身してはや8代

上）たたずまいもゆかしい大正時代築の離れ（座敷）。右手には茶室が建つ

右）喧噪も届かない離れの座敷はコース料理で要予約　下）しっとりした和風レトロなテーブル席

おしながき

鰻お丼	A2400円・B2900円	座敷昼席	7500円～
白焼・たい茶漬	各2000円	うなぎ会席膳	1万円
うざく・うまき・鮎煮びたし	各1500円	夜の座敷会席	1万1000円～
蒲焼	2500円	日本酒「山丹正宗」（本醸造・1合）	650円～
定食	4000円	日本酒「白鷹」（本醸造・1合）	650円～

＊消費税別

竹葉亭本店《ちくようていほんてん》

✆ 03-3542-0789

住 中央区銀座8-14-7
交 JR 新橋駅銀座口から徒歩7分
営 11時30分～14時30分、16時30分～20時
休 日曜、祝日　喫 不可　個 あり
予算 昼3000円～ 夜5000円～

宮川本廛の看板料理、モットーどおり「ふんわり蒸してきれいに焼かれた」鰻お重(ニ)

和の情緒あふれる名店

宮川本廛
（みやがわほんてん）

　修業先だった深川の宮川が廃業するに当たり、初代がその暖簾を譲り受けて、明治26年（1893）に築地橋のたもとに店を開いたのが始まり。戦後まもなくこの地に移ったころは、しもた屋風の木造2階建てだったが、昭和60年、建築家・吉村順三氏の設計により現在の鉄筋5階建てに生まれ変わった。2～3階が店舗で、2階は一般席、3階には床の間つきの個室が3室あり、部屋の随所に和の工夫が生かされている。

　静岡・愛知・宮崎・鹿児島など各県から、それぞれの土地のうなぎが一番よい時期を選んで仕入れ、「ふんわり蒸してきれいに焼く」をモットーに、この道ひと筋の職人が手間を惜しまずに割き、蒸し、炭火で焼く。代々受け継いできた伝統のたれは、うなぎ本来の味を損なわない、あっさりした辛口だ。

　9月中旬～11月下旬には、高知県・仁《に》淀川《よどがわ》産の天然うなぎが食べられることもある。天然うなぎは仕上がるまで1時間はかかる。予約が無難だが、待つ間に一杯飲るのもいい。

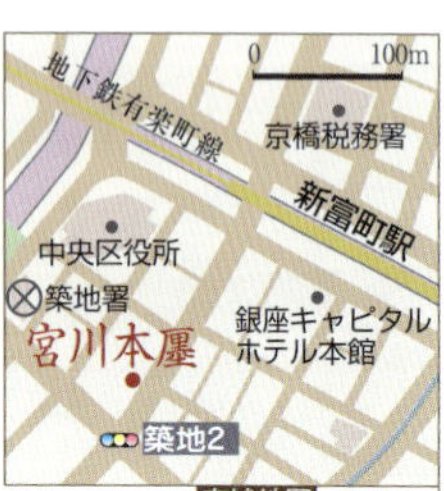

広域地図 P.256

各地の旬のうなぎを厳選
秋には仁淀川の天然ものも

上）盃を傾けながら味わいたい白焼（雪）は、わさびをきかせていただく　下左）きゅうりの酢の物をあしらったうざくは酒の肴に人気

上）ベテランの職人が丹誠込めてうなぎを焼く
右）2階のテーブル席も個室風で落ち着ける
左）3階の個室。和の情緒に包まれてじっくりと逸品を味わえる

おしながき

- 鰻お重…………イ3024円・ロ3456円・ハ3888円・ニ4320円
- 鰻お重(中入丼)……………6480円
- 蒲焼・白焼…………雪各3348円・月各3780円・花各4212円
- うざく……………………1944円
- 柳川……………………1728円
- 刺身……………………1944円
- うまき(2人前)……………1944円
- 日本酒「宮川」(特醸・1合)………648円
- 日本酒「宮川」(大吟醸・720ml)…5400円

宮川本廛《みやがわほんてん》

✆ 03-3541-1292

住 中央区築地1-4-6
交 地下鉄築地駅4出口から徒歩3分
営 11時30分～14時、17時～20時30分　休 土曜
喫 不可　個 あり
予算 昼2500円～ 夜5000円～

昼のかば焼き膳は、ご飯に香の物、きも吸い、フルーツつき。2階の個室でいただく

昔の面影そのままの数寄屋造り

㐂代川（きよかわ）

明治7年（1874）に創業し、現当主は5代目。廊下の船底天井、屋久杉の部屋天井、南天の床柱、木柵つきの肘掛け窓など、昭和初期建築の数寄屋造り木造2階建ての建物が、古きよき日本情緒と店の格式を伝えている。

1階は予約なしで利用できるテーブル席。2階には坪庭を囲んで3畳〜10畳の6つの個室（要予約）が配され、なかでも渡辺淳一氏の小説『化身』に登場する3畳間は、ヒロインの名にちなんで「霧子の間」と名づけられている。廊下に飾られた、『化身』日本経済新聞連載時の挿絵の原画が見もの。

うなぎは、良質の国産ものだけをほどよい大きさでそろえて仕入れ、敷地内に湧く井戸水に泳がせて、十分に臭みを抜いて調理する。じっくり蒸してから、たれを3〜4回つけて備長炭で焼くうなぎはふっくらと、口の中でホロホロとろけていく。やや辛めのたれは、下町の客たちの好みに合わせた、創業時から連綿とつづく味だ。

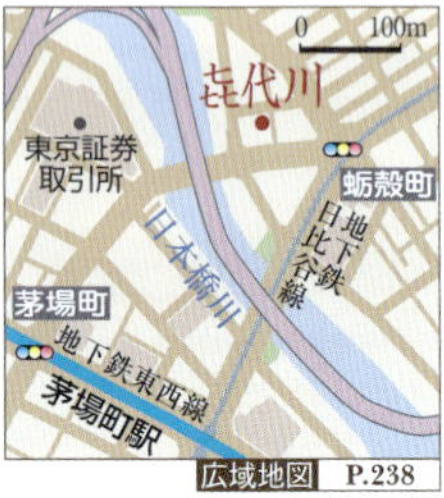

広域地図 P.238

坪庭を囲む風雅な個室には小説『化身』ゆかりの部屋も

上）たれをつけるのは３〜４回。そのつどしっかりと切る　左）備長炭で焼き上げる職人の技
左中）２階の廊下を飾る『化身』の挿絵原画　下左）和風シックな内装の１階テーブル席　下）小ぢんまりした「霧子の間」は２人〜３人向き

おしながき

うな重 菊3000円・松3500円・竹4000円	うまき(2人前から)…………3000円〜
肝焼き……………………1000円〜	お座敷コース……昼7000円・夜1万円
お通し・肝煮………………各750円	日本酒「黒松白鹿」(燗・1合)……800円
うざく……………………1500円	日本酒「八海山」(本醸造・1合)…800円
白焼き……………………3000円	＊消費税別(酒は税込)＋サービス料15%

㐂代川《きよかわ》

✆ 03-3666-3197

住 中央区日本橋小網町10-5
交 地下鉄茅場町駅10出口から徒歩5分
営 11時〜14時（LO）、17時〜20時（LO）　休 日曜、祝日　喫 不可　個 あり
予算 昼3000円〜 夜5000円〜

目の前で焼かれたうなぎがお重で供される。上うな重定食

国産うなぎを銀座の中心で

鮒忠 銀座中央通り店

（ふなちゅう ぎんざちゅうおうどおりてん）

昭和21年（1946）、浅草千束にうなぎ・鮒・どじょうをあつかう川魚料理の専門店として創業。その後、川魚が獲れない冬場のつなぎとして、当時は高級食材であった鶏肉を串刺しにした焼き鳥を売ったところ、大ヒット。創業者の根本忠雄《ねもとただお》さんは「焼き鳥の父」と呼ばれるようになった。

現在でも、焼き鳥はもちろん、創業当時から培ってきた匠の技を生かし、国産のうなぎを店内で捌いて焼いている。

特に「上うな重」のうなぎは、愛知県三河一色産の「鰻咲《まんさく》」をふっくらと蒸し、熟成たれで焼き上げた逸品だ。山椒は浅草の老舗、やげん堀のものを使用。脂が口に残らない上品な後味が特徴だ。ビル5階にある店内は、ぐっと照明を落として高級感があり、昼どきは外国人観光客など多彩な客で賑わう。食を通じて健康と美しさを提供するという「美食同源《びしょくどうげん》」をコンセプトに、「うなぎ」と「焼き鳥」を二本柱、ほかにもさまざまなメニューがそろっている。

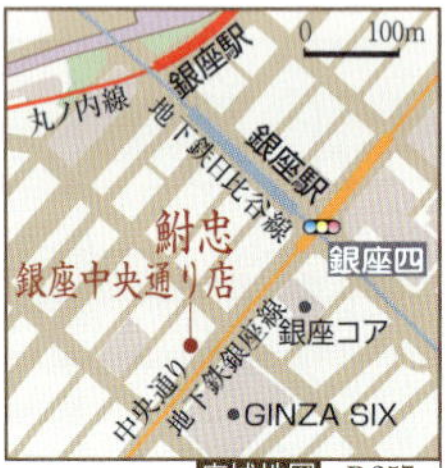

広域地図 P.257

銀座の一等地で焼き上げる
国産うなぎを堪能する

上）厳選の８品がそろう極みコース。看板料理の焼き鳥に、ハーフうな重、うなぎの酢の物、お造り５点盛りなど鮒忠ならではの逸品が並び、接待に最適だ
左）カウンター席の目の前でうなぎを焼く。香ばしい香りが食欲をそそる
下）８名のカウンター席。うなぎを焼く様子を眺められる人気の席

上左）木の素材感を生かし、間接照明を多用したテーブル席。ジャズが流れ、周囲の喧騒を忘れる落ち着いた空間だ
上右）赤を基調にした和風モダンの個室。間仕切りを使えば２名～10名まで利用できる

おしながき

〈昼〉		うなぎ茶漬けセット	1944円
うな重	4104円	〈夜〉	
上うな重	5184円	彩(いろどり)コース	4320円
ひつまぶし	4158円	美食同源ふなちゅうコース	5184円
上ひつまぶし	5238円	華コース	6480円
四季の彩り御膳	3024円	生ビール(中)	702円
天ぷら刺身御膳	2700円	グラスワイン(赤・白)	810円
極みコース	8640円	日本酒(深山霞)	702円

鮒忠 銀座中央通り店
ふなちゅう ぎんざちゅうおうどおりてん

✆ 03-3571-2727

住 中央区銀座6-9-4 小坂ビル5F 交 地下鉄銀座駅A2出口から徒歩2分 営 11時30分～14時(LO)、17時～22時30分(LO)(土・日曜・祝日は11時30分～14時30分(LO)、17時～21時30分(LO) 休 年末年始 喫 昼のみ不可 個 あり 予算 昼2000円～ 夜5000円～

よくばり紅白重(竹)。蒲焼きと白焼きをお重で。ちょうどよいサイズのセットメニュー

名物は「よくばり紅白重」

鰻 大和田 銀座コリドー店

（うなぎ おおわだ ぎんざコリドーてん）

創業明治26年（１８９３）。１２０年以上続く老舗だ。「伝統の味を守りつつ、もっと気軽に、うなぎ料理を楽しめる店を作りたい」という店主の思いから、内装は白を基調とした明るくスタイリッシュな空間。通りに面した席では、ガラス越しにコリドー街を行き交う人々の様子がうかがえ、銀座らしい華やいだ雰囲気を楽しめる。

名物はうなぎの蒲焼きと白焼きが同時に味わえる「よくばり紅白重」。白焼きのお重は珍しいこともあり、人気が高い。うなぎは宮崎や三重など日本各地から、その日一番品質のよいものを、長年つきあいのある問屋が仕入れてくれる。産地は日替わりで入り口に掲示され、素材のよさが自慢だ。目利きが選んだうなぎは熟練の料理人が、うちわで炎と煙をコントロールしながら絶妙の焼き加減に仕上げる。うなぎを贅沢に使った鰻煮凍りや、鰻南蛮漬など酒に合う鰻料理も豊富だ。夜は鰻づくしコースもあり、接待の席にもおすすめしたい。

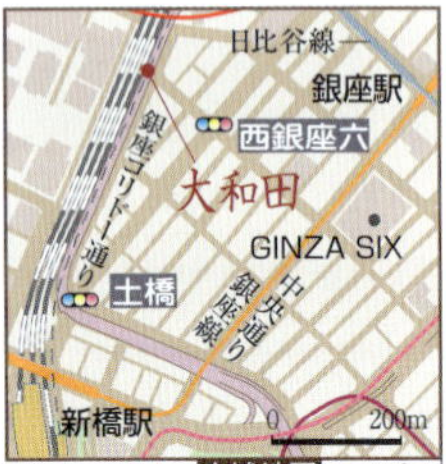

広域地図 P.257

守り続けた老舗の味を
スタイリッシュな空間で

左）煮凍りは一度に5匹分ものうなぎを仕込み、特製のたれに漬けた旨みたっぷりの絶品だ
下右）うなぎを骨切りして揚げ、唐辛子が入った南蛮酢に漬けた鰻の南蛮漬
下左）入り口付近に掲げられた昔の店舗の看板

右）通りに面した明るいテーブル席。さりげなく絵画や花が飾られている
左）パーテーションで仕切られた半個室席。昼間はすりガラス越しに陽光が入るので圧迫感はない

おしながき

よくばり紅白重 …………竹3600円・松5000円	ひつまぶし ………………3000円
鰻重 ……… 兎2500円・鶴3600円・亀5000円・特上6000円・鳳凰8000円	鰻雑炊 …………………860円
鰻南蛮漬 …………………860円	うなぎ天麩羅 ……………1800円
鰻 煮凍り …………………650円	鰻づくしコース …………6400円
	ビール(中瓶) ……………780円〜
	グラスワイン ……………650円

鰻 大和田 銀座コリドー店

うなぎ おおわだ ぎんざコリドーてん

✆ 03-6228-5503

住 中央区銀座7-2 銀座コリドー街1F
交 地下鉄銀座駅C1出口から徒歩1分
営 11時〜14時（LO）、17時〜22時（LO） 休 日曜、祝日 喫 可（ランチ時不可） 個 あり
予算 昼2000円〜 夜5000円〜

中入丼はご飯の下にも蒲焼が入っている贅沢な一品

こだわりの天然うなぎを味わう

五代目《ごだいめ》 野田岩《のだいわ》

創業約二百年。明治9年（1876）発行の東都食通番附で前頭筆頭を張ったほどの確かな腕を受け継ぐ店、天然うなぎを食べられる店として知られる。天然うなぎが激減したことなどもあり、当時野田岩より上位にいた店はその後何軒も廃業しているから、味を受け継ぐことの難しさがしのばれる。

「うちの特徴は代々、当主本人が仕事をすること」と5代目の金本兼次郎さん。この言葉どおり代々の主人はみずから早朝に起きてうなぎを割いて、今では都内に3軒、パリに1軒と店を広げてきた。一方で「お客さまの満足のための努力は惜しまない」と天然うなぎにこだわり、その確保に東奔西走した。

かつて現当主は、天然ものを入手できない冬場は14年間も店を閉めていた。現在は、非漁期（11月下旬～4月上旬）には上質の養殖うなぎを、それ以外の時期は霞ヶ浦や利根川、九州有明産などの天然ものを使用している。家伝のたれが自慢のうなぎに過不足なくなじんで、香り、味とも申し分ない。

広域地図 P.247

みずから包丁を握る当主は天然ものを求めて東へ西へ

左）だしのよく効いた鰻とふかのひれ入り茶碗蒸しも人気メニュー　下）五代目当主の金本兼次郎さん　下左）コースの前菜などに出されることが多い鰻の煮こごり

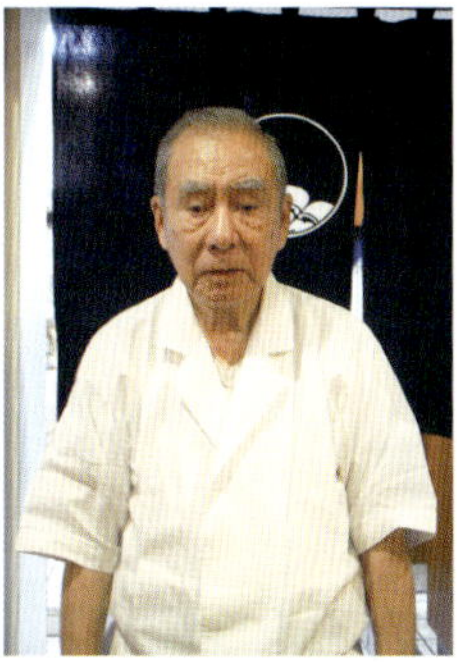

右）ふっくら肉厚の鰻が炭火で焼き上げられる　右中）クラシックな趣の店内。磨きこまれた手すりがみごと
下）赤と茶で統一された蔵造り風のテーブル席

おしながき

中入丼	3800円	志ら焼定食	3600円
鰻重	菊2900円・梅3300円・萩3800円	鰻とふかのひれ入り茶碗蒸し	1340円
蒲焼	芙蓉4800円	キャビア	3780円
天然鰻(大串・筏)	時価	コース	4650円〜
志ら焼	3000円	ビール(小)	550円〜
			＊＋奉仕料10%

五代目 野田岩《ごだいめ のだいわ》

✆ 03-3583-7852

住 港区東麻布1-5-4
交 地下鉄赤羽橋駅赤羽橋口から徒歩５分
営 11時〜13時30分、17時〜20時
休 日曜・7、8月の土用の丑の日（他、臨時休業あり）
喫 不可　個 あり　予算 昼2200円〜 夜4000円〜

とろけるほどのうなぎ、甘めのたれ、かためのご飯がたがいに引き立て合ううな重(上)

養殖うなぎの真髄を極める

うなぎ 本丸

(うなぎ ほんまる)

文政10年(1827)創業のうなぎ卸・ての字の直営店だけに「いいものを安く食べられる」と昼どきには行列ができる。鹿児島県や宮崎県、静岡県吉田町など主要産地を網羅し、発育状況などで各地のうなぎの味を点数評価する独自のシステムを確立。8代目当主の鈴木治社長は「養殖うなぎにも旬があり、それぞれの産地の一番いい時期を選んで仕入れています」と胸を張る。うなぎ養殖池の池主まで指定することもあるという。

店頭に並ぶ桶から活きうなぎを取り出しては割き、目の前で次から次へ炭火焼きする。「本ものうなぎをできるだけたくさんの人に食べてほしい」から、炭火焼きと、待ち時間を短くすることにこだわったといい、その努力が実って、今では弁当も含めて一日に350～400食が出る。

うな重は、とろけるようなうなぎと甘めのたれ、かために炊いたご飯がよく合う。蒸さずに焼いたうなぎの歯ごたえと香ばしさがいいひつまぶし、お得な信長丼も人気だ。

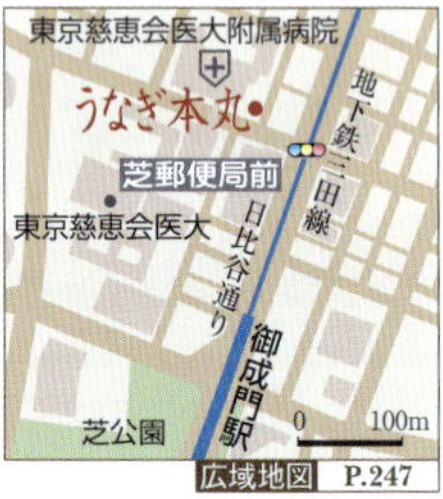

広域地図 P.247

うなぎ評価のシステムを確立
旬の味をリーズナブルに

上）ひつまぶしを気軽に味わえる信長丼。量はちょっと少なめ
左）店先では備長炭でうなぎを焼いている

右）蒸さずに焼いたうなぎを使うひつまぶしはうなぎの歯ごたえがいい
下）純和風の店内

おしながき

信長丼	1950円
うな丼	1950円
うな重	上2800円・特上3800円
ひつまぶし	3000円
きも焼き(2串)	500円
サラダ	200円
ビール(中)	600円

持ち帰り

あいのり弁当	1100円
蒲焼	1700円〜

＊消費税別

うなぎ 本丸《ほんまる》

✆ 03-3432-2564

住 港区西新橋3-19-12
交 地下鉄御成門駅 A5出口から徒歩3分
営 10時45分〜14時30分　休 日曜、祝日
喫 13時まで不可　個 なし　予算 昼2000円〜

注文を受けてから蒸し、こだわりのたれで焼く鰻重

うなぎと鶏の二枚看板

蒲焼 鳥かど家
（かばやき とりかどや）

大正元年（1912）創業の、うなぎと鶏の専門店。新橋の赤レンガ通りに面して渋い和風の店を開く。

店の信条は、作り置きをいっさいしないこと。九州各地や愛知県三河など、国内産のうなぎを毎朝生きたまま仕入れ、客の注文を受けてから調理する。だから昼どきは込み合うが、でも「作りたての味が一番ですから」と3代目当主の鈴木徹雄さんは妥協しない。いろいろ試した末、たれには甘さの上品な愛知県の相生《あいおい》味醂《みりん》を、米は茨城県産のコシヒカリを使っている。

鈴木さんはまた、寒の土用《どよう》の丑《うし》の日にもうなぎを食べることを勧める。「寒うなぎは栄養豊富で、寒い時期にぴったりのスタミナ源。ぜひ召し上がってほしいですね」

鳥焼きや地鶏親子重など、うなぎと二枚看板を張る鶏料理のほか、鰻の汽車ポッポ（生姜風味でやわらかく煮たうなぎのぶつ切り）など一品料理が充実し、酒の品ぞろえも豊富だ。インテリアはすっきりと飾り気がなく、居心地がいい。

広域地図 P.239

「作りたての味が一番」と作り置きをしないのが信条

左）トロトロの玉子が湯気とともに匂い立つ地鶏親子重　下）店長おすすめの焼酎と日本酒

右）親・子・孫3代でつないできた
下）水槽が置かれた、明るく和やかな雰囲気の店内

上）ネーミングが新橋らしい鰻の汽車ポッポ　左）自慢のたれで仕上げた鳥焼きもいける

おしながき

鰻重 ………… 梅2200円・竹2600円・松3200円・特上4000円	鳥焼き ………………………… 1400円
蒲焼 …………………… 2500円～	鰻の汽車ポッポ ……………… 680円
白焼 …………………… 2600円～	酢の物 ………………………… 700円
鰻丼(昼のみ) ………………… 1600円	樽生ビール(グラス) ………… 350円～
地鶏親子重(昼のみ) ………… 1800円	日本酒「大和蔵」(純米・1合) …… 680円

蒲焼 鳥かど家

かばやき　とりかどや

✆ 03-3431-0534

住 港区新橋4-27-9 新橋スズキビル1F
交 JR新橋駅烏森口から徒歩6分
営 11時～14時、17時～19時30分(LO)
休 土・日曜、祝日　喫 可　個 あり
予算 昼1600円～ 夜2500円～

たっぷりのうなぎをのせたひつまぶし(特上)。３通りの食べ方で楽しむ

名代のひつまぶしに自信あり

赤坂 ふきぬき

（あかさか ふきぬき）

赤坂通りに面して建つ、粋な紅殻《べんがら》色の建物が目を引く。大正12年（１９２３）に創業し、名古屋名物のひつまぶしを関東でいち早く紹介した店として知られる。

著名人にもファンが多い人気のひつまぶしは、本場名古屋とは趣を変えて、関東風に蒸したうなぎを使うのが特徴だ。まずはふっくらした身の蒲焼本来の味を楽しみ、２杯目はのりやねぎなどの薬味を混ぜて味わい、おしまいはだしをかけてさっぱりとお茶漬け風にいただく。

厨房を預かる楠俊和さんはこの道40年。味の決め手は、活きうなぎを毎朝割く新鮮さと、先代から受け継いだたれにあるという。伝来のたれは甘すぎず辛すぎず、かつ後味がよく、気持ちよく箸が進む。

夜には、きも焼などをつまみながらこの店オリジナルの日本酒を傾け、最後にうなぎで締める客が多い。清潔な店内は明るく、女性店長の応対も和やかで、女性一人でも入りやすい。

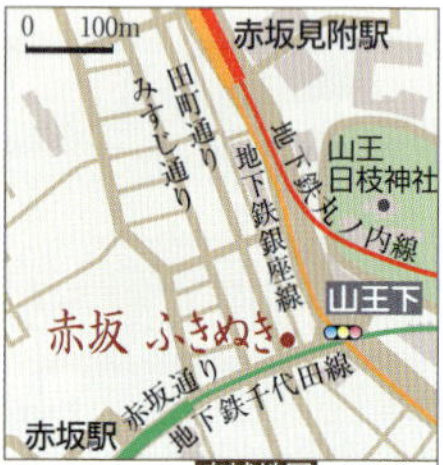

広域地図 P.239

心配りこまやかな店で
関東風のひつまぶしを味わう

左）ひつまぶしの2杯目はのりやねぎをのせて　下）3杯目はだしをかけてさっぱりと

上右）オリジナル純米酒ふきぬきはさらっとした口当たり　上左）料理長の楠俊和さん（左）はじめスタッフは和気あいあい　下右）鰻重（松）のうなぎはこんなにデカい　下左）店内はさっぱりと簡素な造り

おしながき

鰻重 ……………… ランチ1850円・
梅2500円・竹3230円・松4260円・
極上5400円
ひつまぶし ………… ランチ2400円・
竹3430円・松4460円・菊5600円
蒲焼 ………………… 2300円(梅)～
白焼 ………………… 2300円(梅)～
きも焼(1本) ………………… 540円
生ビール ……………………… 700円
日本酒「ふきぬき」(純米・1合) …… 650円

赤坂 ふきぬき
あかさか ふきぬき

✆ 03-3585-3100

住 港区赤坂3-6-11
交 地下鉄赤坂駅1出口から徒歩2分
営 11時～14時、17時30分～21時30分（LO）（土・日曜、祝日11時～14時30分、17時～21時） 休 無休　喫 不可　個 半個室あり　予算 昼2000円～ 夜4000円～

うなぎ重(梅)。丁寧に焼いた蒲焼を、秘伝のたれが引き立てる

粋と人情が地元で人気

赤坂 いなげ家

（あかさか いなげや）

昭和10年（１９３５）の創業以来、うなぎと割烹の名店として赤坂で愛されつづけてきた。長年にわたり接客を担当する女将を中心に家族で営む店は、いかにも東京らしい粋な雰囲気と、温かな人情味にあふれ、長年通う常連客も多い。店舗は、平成27年に元は料亭だったこの場所に移転した。

うなぎのたれは、やや辛めの江戸前。これは、もともと、創業者が修業先の牛込矢来町・稲毛屋（寛政年間〈１７８９～１８０１〉から川魚や野鳥を商ってきた、神田・稲毛屋の歴史を継ぐ名店）ののれんを分けてもらう際に譲り受けたもの。以来、つぎ足しつぎ足し、戦時中は防空壕で守りながら、すでに80年以上も使っている。

客の要望に応えて始めた、3通りの食べ方を楽しめるひつまぶしも人気がある。なかでも締めにいただくお茶漬け風は、かつお節でしっかりだしをとったつゆがいい。割烹らしく、ほかにもお造りやふぐ料理など品書きは豊富だ。

広域地図 P.239

空襲からも守ってきた本家直伝の秘蔵のたれ

上) 酒の後の締めにも人気のひつまぶし(写真は2人前)　中右) 日本酒飲み比べセットは3種類の銘酒を少しずつ試せてお得。女性杜氏が造る珍しいお酒を飲めることも　中左) 歴史を物語る昔の店舗の写真。数多くの従業員を抱える大店だった

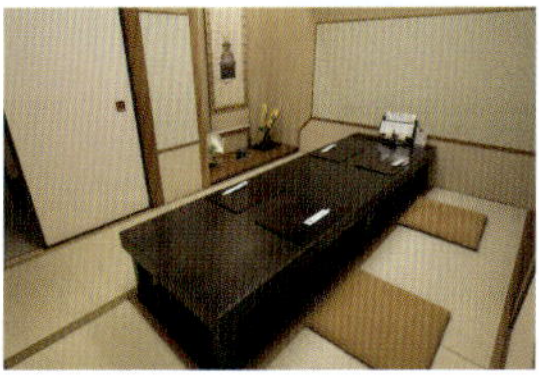

上) うなぎ重に刺身、肝焼きなどがつくうなぎ御膳(花)　左上) 畳敷きながら椅子席でゆったりくつろげる。料亭の作りを生かした落ち着いた佇まい　左下) 4名～8名まで利用できる掘りごたつ式の和室

おしながき

(昼)
うなぎ重(梅) ············ 3564円

(夜)
うなぎ重 ··· 竹4104円・松4644円・特5184円
蒲焼・白焼 ··· 竹3888円・松4428円・特4968円
ひつまぶし ··· 竹4644円・松5184円・特5724円

うなぎ御膳 ············ 7020円(花)～
肝焼き(1本) ············ 540円
うざく ············ 1296円
エビス生ビール(グラス) ······ 432円～
日本酒飲み比べセット ······ 864円～
日本酒各種 ············ 648円～

赤坂 いなげ家
あかさか いなげや

📞 03-3583-1989

住 港区赤坂2-13-21 清川ビル1F　交 地下鉄赤坂駅2出口から徒歩2分　営 11時30分～13時30分(LO)、17時～21時30分(LO) 土曜は12時～14時30分(LO)、17時～20時30分(LO)　休 日曜、祝日　喫 一部可　個 あり　予算 昼1000円～ 夜5000円～

最初はうな丼、次にあさつきとのりかけ、最後にお茶漬けと３通りに楽しめるひつまぶし

うなぎと地酒のナイスなコラボ

稲毛屋（いなげや）

店には常時10～15種類の地酒をそろえて「うなぎと地酒」を看板にする。3代目当主の当間光浩さんが「うなぎのいろいろな味わい方を知っていただきたい」というとおり、蒲焼きや白焼きは蒸さずに焼く関西風が選べるほか、わさびをあしらったきもわさ、ポン酢が合うたたき、レモン汁で食べる塩焼きなどの酒肴、またうなぎ茶漬けやうなぎ雑炊などの軽い食事もあって、バリエーションは多彩だ。

主人は米、醤油、塩にもこだわって、米は山形県飯豊町《いいでまち》の契約農家から直接仕入れる減農薬のコシヒカリ、醤油は埼玉県桶《おけ》川《がわ》市の坂巻《さかまき》醤油が造る丸大豆醤油、塩はモンゴル産の岩塩を使う。代々つぎ足してきた濃いめ中辛のたれはこくがあり、うなぎ独特のまろやかさを引き出している。

店では毎月1～2回、酒の蔵元を呼んで、新酒や秘蔵酒、古酒などを味わう「日本酒の会」を行っている。うな重と10品ほどの酒肴つきで７０００円～と手ごろ（要問い合わせ）。

広域地図 P.231

ラインナップ多彩なうなぎ料理を味わいさまざまな地酒で楽しむ

上）うなぎのうまみをぎっしり凝縮したにこごり　右）きもわさは地酒の肴に最適の一品　下右）「酒好きなら人後に落ちない」と笑う当間光浩さん・知恵子さん夫妻　下左）店内は細長く、うなぎの寝床そのまんま

おしながき

- うな丼・和風うな丼・関西風うな丼・白焼丼（昼）……………………各1380円～
- 鰻重定食（昼）………………… 1530円
- 鰻重… 梅1900円・松2800円・特3700円
- ひつまぶし ………………… 3200円
- きもわさ ………………… 580円
- にこごり ………………… 630円
- 塩焼き ………………… 1200円
- 鰻のたたき風 ………………… 1900円
- 日本酒「松の寿」（グラス）……… 550円
- 日本酒「而今」（グラス） ……… 480円

稲毛屋

いなげや

✆ 03-3822-3495

住 文京区千駄木3-49-4
交 JR西日暮里駅から徒歩7分
営 11時30分～14時、17時～21時　休 水曜　喫 可
個 あり　予算 昼1500円～ 夜3000円～

美しい輪島塗の器で供される鰻重(上)

「大事なのはうなぎ」と6代目

はし本

(はしもと)

天保6年（１８３５）創業の暖簾を誇り、神田川に架かる石切橋のたもとに木造2階建ての店を構える。

「鰻重は米やたれではなく、うなぎ本来の持ち味が大事」と熱く語るのは、6代目当主の橋本信二さん。橋本さんは大学生のころから店を手伝うかたわら、うなぎ問屋で5年ほど割きや串打ちを修業、焼きは自分の店の職人に仕込まれたという。現在は割き・蒸し・焼きの作業をすべて一人で行いつつ、初代からの味を伝えている。うなぎは注文を受けてから調理するため、25分前後待たされる。たれは初代相伝のすっきりした辛口だ。

うなぎを待つ間の一杯には、鳥取県大山《だいせん》の地鶏を使った焼鳥がおすすめ。たれと塩があり、どちらも肉の持ち味を生かした薄味に仕上がっている。看板料理の一つとして長く愛されてきた親子重は、昼どきにぴったりだ。

店は老舗ながらおよそ気取りがなく、接客するおねえさんたちもみな気さくで気が置けない。

広域地図 P.231

うなぎ本来の味で勝負する老舗ながら気の置けない店

上）地鶏の味をしっかり楽しめる焼鳥
右）うなぎを焼く橋本さん。炭はもちろん備長炭　下）テーブル席と小上がりがある1階。2階に個室が3つある

おしながき

鰻重	並2600円・上3300円
白焼・蒲焼	並2600円・上3300円
親子重	1300円
う巻(2人前から)	1200円～
玉子焼(2人前から)	700円～
焼鳥	700円
きも吸	300円
柳川	時価
日本酒「白鷹」(本醸造・1合)	800円
日本酒「吉乃川」(冷酒・300ml)	900円
焼酎「財宝」芋・麦	700円

はし本《はしもと》

✆ 03-3811-4850

住 文京区水道2-5-7
交 地下鉄江戸川橋駅4出口から徒歩3分
営 11時30分～14時、16時30分～20時　休 木曜
喫 可　個 あり
予算 昼2600円～ 夜4000円～

特上うな重。大きさの違いで上と特上を分けている。味はむろんいずれも特上だ

すべてに一級を貫く店

江戸川 石ばし
（えどがわ いしばし）

かつて江戸川と呼ばれた神田川に架かる中之橋のたもとに、明治43年（１９１０）に創業。昭和20年の東京大空襲により店を焼失したため、西江戸川橋近くの現在地に移転した。空襲に耐えて残った煉瓦《れんが》塀を生かした玄関周り、一部に戦前の材料を使った建物など、そのたたずまいは重ねてきた星霜《せいそう》を感じさせて風格がある。建物だけでなく、うなぎは静岡県吉田町産、炭は備長炭、器は椀もお重も輪島塗と、すべて一級品ばかり。

店を守るのは3代目当主の根本光昭さんと、4代目に当たる息子の和典さん。調理場に立つ父子の息はぴったりだ。焼き台の炭の火加減に合わせて、うなぎを移動させながら焼いていく手際がすばらしく、その手の動きは優雅な手踊りを思わせる。

普通なら書き入れ時の土用《どよう》の丑《うし》の日は、うなぎ供養のために休むという。この日はいいうなぎが手に入りにくいことも理由の一つ。これも、うまいうなぎを追求する職人ならではのこだわりか。店はいつも満席。予約してから出かけるのがよい。

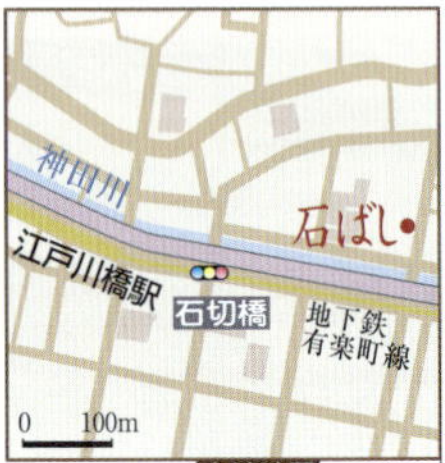

広域地図 P.231

うなぎを焼く手際のみごとさは
まさに優美な手踊りのよう

上）ふっくらと焼き上がった白焼　左）4代目・和典さんが丁寧に焼く　下右）3代目・光昭さんの串打ちは名人芸　下左）落ち着いた風情の2階の座敷。1階にテーブル席がある

おしながき

うな重	上4000円・特上5000円	夜のコース	1万3000円～(要予約)
蒲焼重	5000円	きも吸い	300円
蒲焼・白焼	各3800円	ごはん	300円
昼のコース	1万円	デザート	800円～

江戸川《えどがわ》 石ばし《いしばし》

✆ 03-3813-8038

住 文京区水道2-4-29　交 地下鉄江戸川橋駅4出口から徒歩7分　営 11時30分～13時30分（土曜は14時）(LO)、18時（土曜は17時30分）～19時30分（土曜は20時）(LO)　休 日・月曜、祝日と土用の丑の日　喫 不可　個 あり　予算 昼4000円～ 夜7000円～

重箱狭しと大ぶりのうなぎをのせて、ご飯がまったく見えないうな重(桜)

テーブルに鯉が泳ぐ趣向が人気

小福（こふく）

建物は鉄筋6階建てながら、外観も内部もなかなか小意気な造り。1階に厨房、2〜4階に客室があり、各階それぞれに造作が異なる。2階は縦に長い馬蹄形の大きなテーブルを配し、テーブル中央にしつらえた池には鯉が泳ぐ。3階は喫茶店みたいな雰囲気のイス席、4階は船底天井がみごとな純和風の座敷だ。杉一枚板の扉をはじめ、店内随所に亀甲竹《きっこうちく》や煤竹《すすたけ》、花梨《かりん》、桜材などを用いた凝った造りが見られ、すべて主人の設計というからすばらしい。各階に収容2〜4名ほどの個室もある。

うなぎは静岡県榛原《はいばら》産を中心に国産ものだけを仕入れ、いったん生簀《いけす》に放して泥を吐かせてから使う。「手を抜かない」をモットーに、職人がつくる料理を週に1回主人が味見して、確かめてから客に出している。うなぎは昼20〜30分、夜なら40分ほど調理に時間がかかるから、余裕をもって訪れたい。

酒の肴には、当店オリジナルの八幡巻《やわたまき》がいい。うなぎでごぼうを巻いた取り合わせの妙に、つい頬がほころぶ。

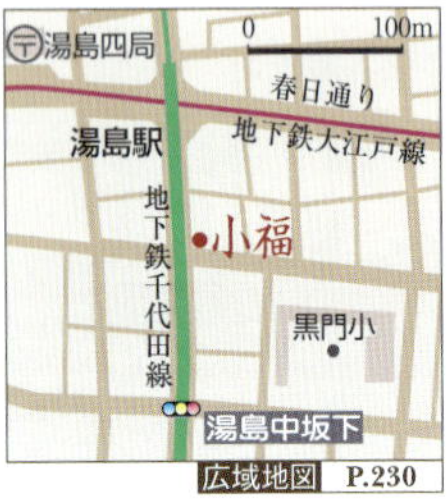

広域地図 P.230

すべて主人みずから設計した
造りが異なる客室がおしゃれ

上）小福オリジナル、左党に人気の八幡巻　左）船底天井の下に円卓を配し、ゆったりくつろげる座敷

上）きも焼はうなぎづくしコースで
左）鯉が泳ぐテーブル席は外国人客にも人気とか

おしながき

うな重・蒲焼御飯・白焼御飯	
桜各5500円・桃各4000円・椿各3000円	
うざく	2000円
八幡巻	3500円
蒲焼・白焼	各2000円〜
コース料理(2名から)	6000円〜
日本酒(熱燗・大)	1500円
日本酒(冷酒)	1000円

＊消費税別

小福《こふく》

✆ 03-3831-7683

住 文京区湯島3-36-5
交 地下鉄湯島駅4出口から徒歩1分
営 11時30分〜14時、17時〜21時（土曜は11時30分〜20時）　休 日曜、祝日　喫 可　個 あり　予算 昼3000円〜 夜5000円〜

きも吸い、お新香、季節のデザートがつくうな重(坂東太郎)

店名どおり、目の前には隅田川

前川（まえかわ）

文政年間（１８１８～３０）創業の暖簾を誇る都内屈指の名店。隅田川の広い川景色を目の前に、駒形橋の西詰に建つ。

「関東大震災のとき、4代目の駒吉はたれの入った壺を大八車に載せて、上野の山へ避難したそうです。うなぎ屋にとって、たれはそれほど貴重なものなんです」と、6代目当主の大橋一馬さん。創業時から6代にわたってつぎ足しつぎ足しされてきたたれは、今では7代目にまでその味が受け継がれている。

うなぎは天然ものと養殖ものを併用する。ただ5月～11月は出回る天然ものの量が少ないため、高級養殖うなぎの坂東《ばんどう》太郎《たろう》がメイン。「よい素材をよいたれでていねいに焼く、これがおいしいうなぎに仕上げるこつです」と店主はいう。ご飯は鋳物の釜で炊き、糠漬けのお新香も自家製とこだわる。

かつて久保田万太郎や池波正太郎など名だたる文士たちに愛され、今は各界の著名人が足を運ぶ。平成15年放映のＮＨＫ朝の連続テレビ小説『こころ』にもゆかりのある有名店だ。

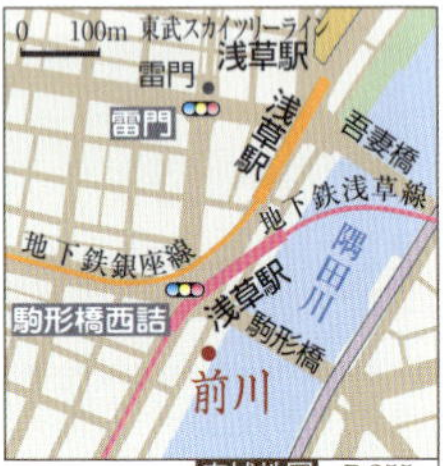

広域地図 P.255

震災時には上野の山に避難した
創業時から受け継ぐ秘蔵のたれ

上）客席はすべて座敷。広い窓からは隅田川と駒形橋が目の前に
中右）う巻を焼くときは玉子に焦げ目をつけないのがこつ　中左）地鶏の玉子を使ったう巻はやわらかく香ばしい　左）創業時からの秘伝のたれをつけてうなぎを焼く

おしながき

うな重・天重(それぞれ土・日曜と祝日を除く昼のみ)
……………………… 各2500円
うな重(坂東太郎) ………… 3900円～
蒲焼(坂東太郎) ………… 5700円～
蒲焼(天然うなぎ) …………… 時価
うざく・う巻…………………… 各1200円
白焼 ……………………… 3600円

コース(4名以上は予約したほうがよい)
雪扇 …………………… 9000円
前川・月の舞 ……… 各1万4000円
花冠 ………………… 1万7500円
日本酒「白雪」(辛口・1合) ……… 600円
日本酒「十右衛門」(720ml) …… 3800円
＊消費税別

前川《まえかわ》

✆ 03-3841-6314

住 台東区駒形2-1-29
交 地下鉄浅草駅 A2出口から徒歩1分
営 11時30分～20時30分(LO)　休 無休
喫 可　個 あり
予算 昼2700円～ 夜7000円～

どっしりと大ぶりのうなぎがのったうな重。うな重はすべてお新香ときも吸いつき

本家の味と技を継いで70年余

蒲焼割烹 根ぎし宮川

（かばやきかっぽう ねぎしみやがわ）

「宮川」の名を戴くうなぎ屋は都内に数多いが、その根っこのほとんどは築地の名店・宮川本廛（26頁参照）にある。当店の初代も宮川本廛で修業して、昭和19年（1944）に暖簾分けで独立。根岸4丁目に店を構え、のち平成14年に現在地に移転した。

現当主の関岡昭さんは2代目。初代の命令で、大学卒業後すぐに都内の精進料理店へ出され、約5年間修業を積んだ。「他人の釜の飯を食わせて一人前にしたい、という思いだったんでしょうね」と語る関岡さんが、その修業時代に叩き込まれたのが「絶対に手抜きをしない」こと。下ごしらえから焼きまで、一切妥協せず仕上げたうなぎの味は格別だ。注文を受けてから割くので、仕上がりまでに40分ほど時間がかかる。

うな重、蒲焼など単品はもちろん、季節の味をそろえたコース料理、彩り美しく豪華な幕の内がおすすめだ。小付け、刺身、デザートなどがつく昼のうなぎコースもお値打ち。

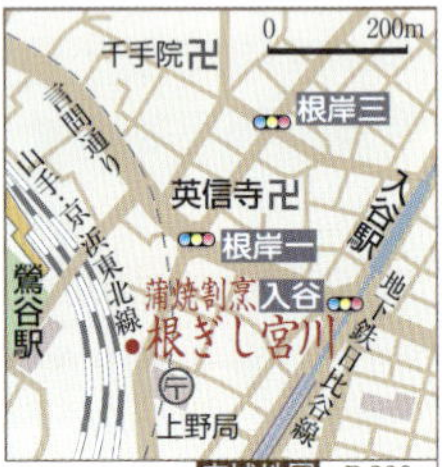

広域地図 P.230

修業時代の教えを頑固に守り
料理はいっさい手抜きせず

上）うな重をメインに刺身や焼き物、揚げ物、吸い物などが並ぶコース料理(写真はやなぎ)　中右）幕の内(桐）は三段のお重で供される
中左）揚げ物、煮物、焼き物など旬の素材ぎっしりの盛り合わせ(5人前)
下右）1階のテーブル席は高級感と和風情緒がいっぱい
下左）エレベーターで上がれる2階の座敷席

おしながき

うなぎコース(昼のみ) ･････････ 3200円
うな重･蒲焼･白焼 ･･･ 2500円･3000円･4000円･5000円
うまき(2人前から)･うざく ････ 各1500円
盛り合わせ ･････････ 3人前5000円～･5人前8000円～
コース料理 ･････････ あさがお5200円･やなぎ6200円･うぐいす8200円
冷酒(300ml) ･････････････････ 800円
一の蔵(300ml) ･･･････････････ 1000円

蒲焼割烹 根ぎし宮川
かばやきかっぽう ねぎしみやがわ

✆ 03-3842-4141

住 台東区根岸1-1-35
交 JR鶯谷駅南口から徒歩5分
営 11時～14時、17時～21時　休 火曜（祝日の場合は翌日）　喫 不可　個 あり
予算 昼3000円～ 夜7000円～

朱塗りのお重は底が深い。ボリュームたっぷりの鰻重(松)

気っ風のよさはさすが浅草

小柳（こやなぎ）

店は浅草公会堂のすぐ南、雷門通りから北に延びる浅草中央通りに面している。長らく、戦後すぐに建てられた和風建築で営業していたが、老朽化にともない建て替えられて2階建てのビルになった。随所に旧店舗の木材を使うなど当時の面影を残している。のれんをくぐり引き戸を開けると、4代目当主の女将・田熊富子さんはじめ店の女性たちが「いらっしゃいませ！」と声をかけてくる。この威勢のよさと、飾らない雰囲気は昔のまま。まさに下町だ。創業は大正14年（１９２５）。戦前、京橋の「小柳」で修業した2代目がのれんを分けてもらって以来、現在の店名を名乗っている。

戦後ずっと継ぎ足してきた中辛のたれをきかせた鰻重や蒲焼きのほか、柳川や鳥重などサイドメニューも充実。なかでも安値が信条の「１００円のきも吸い」は消費税がついて１０８円になったものの、これ以上値上げはしないと江戸前の心意気を見せる。観光客や地元の常連客でいつも賑わっている。

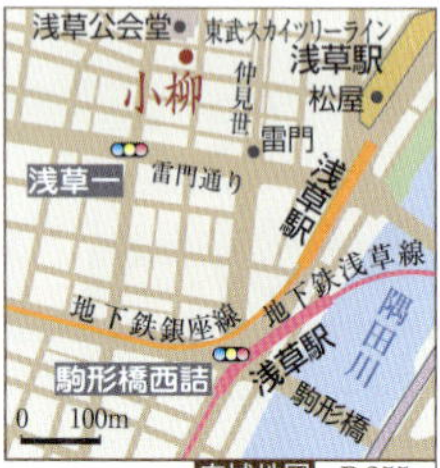

広域地図 P.255

威勢がよくて気取らない
下町の心意気が客を呼ぶ店

左）時勢が変わっても値段を変えない、自慢のきも吸い

右上）1階のカウンター席とテーブル席。木の質感を生かし、すっきりとした内装だ
右中）カウンター席は8席。一人でも気軽に楽しめる
右下）広々として明るい2階の座敷席。ほか4名までの個室が1つある

上）甘めのたれの焼き鳥は、大根おろしでさっぱりといただく　下）酒の肴に定番人気の、だしのきいた玉子焼き

おしながき

鰻重・蒲焼き	竹各2916円・松各3456円	鳥重	972円
きも吸い	108円	ぬた	1080円
なめこ汁	216円	柳川	1512円
もつ焼き・焼き鳥	各540円	コース料理	6480円
玉子焼き	540円	日本酒「白雪」（辛口・1合）	540円
		樽酒（1合）	594円

小柳《こやなぎ》

✆ 03-3843-2861

住 台東区浅草1-29-11
交 地下鉄浅草駅1出口から徒歩5分
営 11時30分～14時（LO）、17時～20時（LO）
休 木曜　喫 不可　個 あり
予算 昼夜とも2916円～

鰻重(松)。鰻重(竹)はうなぎの量が1.5倍に増える

店も調度も洗練を極める

亀屋 一睡亭

(かめや いっすいてい)

和服姿の仲居さんがしっとりと迎えてくれる、純和風の食事処。店内は洗練された数寄屋風のデザインでまとめられ、調度備品には一分の隙もない。器はもちろん紙膳や箸置きにまで季節感を取り入れるなど、店の雰囲気づくりは半端ではない。「うなぎも米も魚も酒も、すべて出場所が大事です」と語るのは、3代目当主の荒川治さん。商売は基本、食材は鮮度にこだわり、荒川さん自身がそれぞれの産地に出向いて、品質を自分の目で確かめて仕入れるという。うなぎは静岡県の焼津《やいづ》から。「養殖とはいえ自然に近い状態で育ってますから、半天然うなぎですね」。米は新潟県魚沼の山間部で有機栽培するコシヒカリ、魚介は長崎県九十九島《つくもじま》直送の天然ものだ。

もともとは和菓子の卸元だった亀屋が昭和24年、甘味喫茶に転身。その2年後、うなぎと和食の店として再度転身したのを機に、屋号を現在の亀屋 一睡亭に改めた。店の雰囲気から昼は女性客が大部分で、夜は接待や宴会に利用されることが多い。

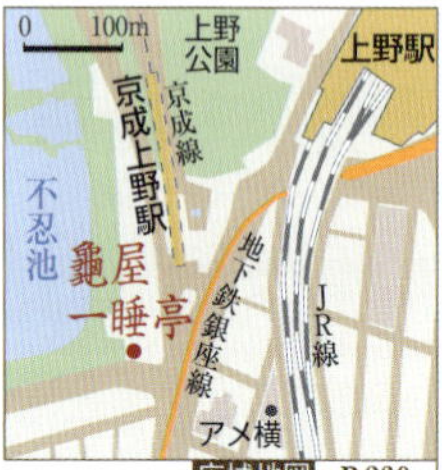

広域地図 P.230

食材はすべて出場所にこだわり
主人みずから確かめて仕入れる

左）大きな蒲焼のほか、刺身や茶碗蒸しなどが並ぶ蒲焼御膳

上右）季節の味わいにあふれた旬菜弁当　上左）旬の食材をバラエティ豊かに楽しめる旬菜御膳（利久）　下右）シックに和風モダンでまとめられた2階のテーブル個室　下左）天井や壁が美しい1階のテーブル席

おしながき

鰻丼 ……………………2550円	旬菜御膳 ……………光悦3500円・利休5000円
鰻重 ………… 松3500円・竹4900円	胡麻豆腐 …………………500円
蒲焼 ……………………3000円～	うざく ……………………1600円
蒲焼御膳 ………………5800円	日本酒「久保田」（千寿・1合）…… 1000円
蒲焼御飯 ……… 松3500円・竹4900円	日本酒「〆張鶴」（吟醸・300ml）… 2000円
旬菜弁当 ………………3200円	

＊消費税別

龜屋 一睡亭
かめや いっすいてい

✆ 03-3831-0912

住 台東区上野2-13-2 パークサイドビル1～2F
交 JR上野駅不忍口から徒歩5分
営 11時30分～22時　休 無休
喫 個室のみ可　個 あり
予算 昼2500円～ 夜7000円～

ふっくら肉厚のうなぎをのせたうな重（桜）は店おすすめの一品（きも吸は別料金）

お江戸の味を洋館風の店で

鰻 やっこ（うなぎ やっこ）

古川柳に「のらくらとした奴もあり田原町」と詠まれた、江戸時代後期創業の老舗。嘉永5年（1852）刊行の『江戸前大蒲焼番付』では西の前頭筆頭に座ったほど、古くから江戸っ子たちに愛されてきた。創業当初の屋号「奴草加」からのちに「奴」へ、さらに戦後まもなく、経営を引き継いだのを機に現在の「やっこ」に改めた。

広い土間があった木造2階建ての旧店舗が老朽化したため、平成4年に2、3代目当主が現在のビルに建て替えた。天井から下がる古風な意匠のシャンデリア、ステンドグラスを張った半円アーチの窓、アール・デコ風の木製の階段手すりなど、店内の造りは古い西洋館そのままだ。

秘伝のタレで焼いた鰻はもちろん、多彩な一品料理も味わえる。ランチタイム（土曜を含む平日の16時まで）なら、うな重に吸い物、漬け物がつくランチがお得。冬には寄せ鍋やふぐちり、ふぐ刺しなどの季節料理が品書に加わる。

広域地図 P.255

古川柳にその名を詠まれ蒲焼番付で前頭筆頭を張った店

上）うなぎを巻いて輪切りにしたうなぎハムは、見た目はまるで菓子のよう　右）旬の魚介を彩りよく盛った刺身盛り合わせ　下右）壁に絵を何枚も飾った、シャンデリアが下がる1階席　下左）1～2階を結ぶ階段は、アール・デコ風の手すりがみごと

おしながき

うな重ランチ……2300円	うざく……1500円
うな重……椿2600円・梅3150円・桜4100円・桐6300円	う巻……1600円
蒲焼・白焼……各2300円～	刺身盛り合わせ……2500円～
きも吸……210円	会席料理(要予約)……7000円～
うなぎハム……1050円	厳選純米酒(1合)……795円

鰻 やっこ

うなぎ やっこ

✆ 03-3841-9886

住 台東区浅草1-10-2
交 地下鉄田原町駅3出口から徒歩3分
営 11時30分～20時45分（LO）　休 水曜（祝日の場合は営業）　喫 不可　個 あり
予算 昼2300円～ 夜3000円～

うな重(上)。丼のきも吸いは別料金ながら、何杯でもお替わりしたくなるお値段

母に抱かれたみたいな居心地

初小川
（はつおがわ）

戦後すぐに建てられた木造2階建ての古さびた店は、店内中央の丸柱といわず壁といわず千社札《せんじゃふだ》がべたべた。古い大福《だいふく》帳《ちょう》やお地蔵さん、弓張提灯《ゆみはりちょうちん》など雑多な小物が場所を問わず飾られていて、半世紀ほども時が逆戻りしたかのようだ。古民家風の内装にふさわしく、冬は中央のテーブルに囲炉裏も切られる。

毎朝仕入れるうなぎは、明治40年（1907）の創業時からつぎ足して使っている辛口のたれに浸けては、今でも七輪の炭火で1枚ずつていねいに焼く。別注のきも吸いは丼にたっぷり入っていて、これが何と50円。「父の代のとき、俳優の小沢昭一さんに『何か売りものをつくったら』といわれて思いついたんだそうです」と、割烹着姿で店を切り盛りする3代目当主の河合一恵さん。この値段、昭和50年代から変わっていない。

席はテーブルに6、入口近くの小上がりに2、奥の小上がりに6と、合わせて14。小ぢんまりと温かく、どこか懐かしい雰囲気に、ついつい長居してしまいそうな店だ。

広域地図　P.255

温かさ懐かしさいっぱいの店は
今も七輪でうなぎを焼く

上）ふっくらと焼き上がった肉厚の白焼　左）1串に12～13匹分の肝を使うきも焼　下）昭和ノスタルジーいっぱいの気取らない店

上）みそ豆は納豆と同じ要領で、醤油と和辛子を混ぜて食べる

おしながき

うな重・かば焼・白焼	中各2900円・上各3900円
きも吸い	50円
みそ豆	450円
板わさ・玉子とうふ	各550円
こんにゃく	220円
ビール(大)	650円
日本酒(1合)	550円

初小川《はつおがわ》

✆ 03-3844-2723

住 台東区雷門2-8-4
交 地下鉄浅草駅2出口から徒歩5分
営 12時～14時、17時～20時　休 不定休
喫 不可　個 なし
予算 3000円～

うな重は松・竹・梅ではなく、うめ・いちょう・もみじで区別。写真のうめにはきも吸いが付く

和やかな店内で国産ものを味わう

うなぎ さんしょ

(うなぎ さんしょ)

ひと昔前まで、うなぎの養殖池といえば屋根のない路地池が主流だった。自然に近い環境のため、丸々と肥えたうなぎもいれば、痩せぎすのうなぎもいる。自ずとうなぎ問屋の鑑定眼も鍛えられた。昭和35年から25年間、うなぎ問屋に勤務した店主の浅賀博厚さんも目利きの一人。

「いいうなぎは一目で分かります。そんなウナギと出会え、確保できたら最高の満足だね」と微笑む。

昭和60年に開店。以来、30年以上も北千住のうなぎ問屋までバイクを飛ばし、その日に使う分だけの生きた国産ウナギを仕入れている。新鮮でありながら、待ち時間を短くするため、下ごしらえは1日2回。さまざまな名店から伝授されたタレは甘さ控えめで、白焼きから3度浸けて完成させる。

店名の由来となった山椒も秀逸。京都・七味家の特上品を用意し、パッと口に広がる香りと辛さが、うなぎの旨さを引き立てる。酒肴には1串に6～7匹分を刺したきも焼がおすすめ。

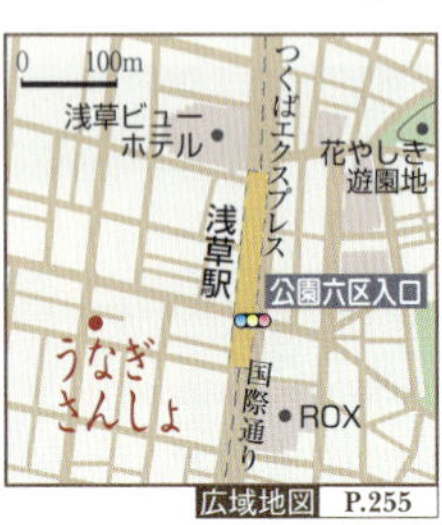

広域地図 P.255

目利きが選ぶ国産うなぎ 特上の山椒で味わいもひとしお

上）蒲焼きとキュウリなどの野菜を二杯酢で合えたうざく。ツンとくる酢の角をだしとうなぎのたれで抑えてあり、食べやすい　中）店主は秋田県横手市出身で、献立には郷土料理いぶりがっこも。チーズとの組み合わせがなかなかいい　下左）店内はテーブル席のみ。接客は気さくな奥さんが行い、和やかな雰囲気　下右）店主の浅賀博厚さん。笑顔から温厚な人柄が伝わってくる

おしながき

うな重(うめ)	4300円	う巻き	1850円
うな重(いちょう)	3500円	きも焼	2本820円
うな重(もみじ)	2700円	いぶりがっことスモークチーズ	410円
うざく	1750円	日本酒「越乃影虎　龍」・1合徳利	570円
鰻ぞうすい	3500円	冷酒「嬉長」300ml	830円
上白焼	4150円	焼酎「縁」720ml	4000円

うなぎ さんしょ

うなぎ さんしょ

✆ 03-3843-0344

住 東京都台東区西浅草2-25-7
交 つくばエクスプレス浅草駅 A1出口から徒歩3分
営 11時30分～14時（LO）・16時～19時30分（LO）
休 木曜　喫 不可　個 なし
予算 昼4000円 夜4000円

うな重(竹)のうなぎは中ほどのサイズ。焼き色、匂いとも申し分ない

京の技を生かしたうなぎ料理も

和田平
(わだへい)

ヒルトン東京地下のショッピングモールの一角に瀟洒《しょうしゃ》な純和風の店を開いて、明治18年（１８８５）に日本橋蛎殻町《かきがらちょう》で創業して以来の暖簾を守っている。5代目当主の大場恒太さんが、時を経てうまみを増したたれに浸けては、備長炭で色よくうなぎを焼く。ホテルの地下ということもあり、敷居の高い感じがなくもないが、宿泊客の利用も含めて、デリバリーのうなぎ弁当が多いときには一日１００個以上も出るという、西新宿では知られたうなぎ料理店だ。

うな重や定食、御膳料理からう巻き、肝焼などの一品ものまで、料理はラインナップ豊富にそろう。白焼きしてじっくり蒸した後、強火・遠火の備長炭で焼く蒲焼は、外には香ばしく焦げ目が立ち、身はふっくらとやわらかい。うな重は、甘めながらすっきりした後口のたれに、新潟県笹神《ささかみ》産コシヒカリの粒が立ったご飯がよく合う。もともと京料理からこの道に入った大場さんは、京都の食材を生かしたうなぎ懐石でも技を振るう。

広域地図 P.237

日本橋から新宿へ店は移っても
伝統の江戸前の味は変わらない

左）酒の友２品、うざく（手前）とう巻き　下）豆腐三色田楽（手前）と刺身盛り合わせ。和の味と彩りを楽しみたい

上）うなぎ茶漬け。うなぎの風味をさらさらといただく　左）写真のテーブル席と掘りごたつ式の小上がりのほか、グループ向きの座敷がある

おしながき

うな重………梅2600円・竹3200円・松3800円
いかだ大丼…………………4500円
蒲焼御膳……梅2800円・竹3400円・松4100円
うなぎ懐石…………………7000円〜
蒲焼・白焼………………各2600円
うなぎ弁当………………2600円〜
うざく………………………1200円
う巻き………………………1400円
ひつまぶし膳………………3800円
豆腐三色田楽………………900円

＊消費税別

和田平《わだへい》

✆ 03-3342-5678

住 新宿区西新宿6-6-2 ヒルトン東京 B1F
交 JR新宿駅西口から徒歩10分、または京王百貨店前からヒルトン東京無料送迎バス利用　営 11時30分〜15時、17時〜22時（LO21時）　休 無休　喫 一部可　個 あり　予算 昼3000円〜 夜4000円〜

さらさらのたれが特徴のうな重。値段の差はうなぎの大きさによる。これは一番大きなサイズ

「食の街」で頑固に味を守る

蒲焼 柳川 たつみや

（かばやき やながわ たつみや）

昭和23年、先代が「店を開くなら神楽坂で」と勧められてこの地に開業。神楽坂のほぼ中ほど、善国寺《ぜんこくじ》（毘沙門天《びしゃもんてん》）の右斜め前に延びる本多横丁に面して、昭和46年建築のノスタルジックな建物が目を引く。外観にふさわしい、さびた造りの店内では、２代目の高橋善夫さん、その娘夫婦の絵美子さん・次郎さんが忙しく立ち働いている。店は井伏鱒二や常盤新平らの文人に愛され、また森敦が書いた記事に惹かれて、オノ・ヨーコ、ジョン・レノン夫妻が訪れたこともある。

10～15分ほど蒸してから備長炭で焼くうなぎは、今も守っている先代のモットー「やわらかいうなぎは食べやすい」の言葉どおりにやわらかく、身の側だけを焼くため焼き色はそれほど濃くはない。醤油と味醂だけで作るさらさら辛口のたれが、うなぎの脂と渾然《こんぜん》と混じり合って味わいをいっそう深くする。

店名どおり、品書はうなぎと柳川だけ。今どきはもう珍しくなった、脇目を振らない頑固な店だ。

広域地図 P.231

神楽坂の街並みに溶け込んだ昭和レトロの粋な専門店

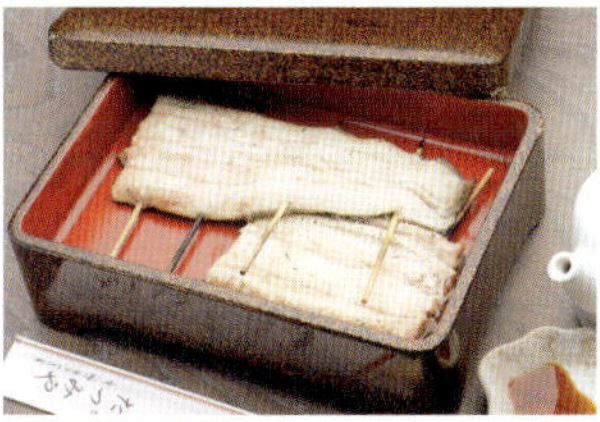

上）注文を受けてからどじょうを割くあつあつの柳川は、ごぼうのだしがよく出て匂いもいい　右）白焼。淡泊な味に魅せられて、毎週のように食べに来る人もいる　下右）長い通路を挟んでテーブル席と小上がりがある　下左）小上がりの隅の席。ここを定位置にする常連も多い

おしながき

うな重	吸いもの付き3300円／きも吸い付き3500円	白焼	1900円・3500円
		柳川(小)	1000円
うな丼	2300円	舞子丼(柳川丼)	1500円
蒲焼	1900円・3500円	日本酒「桜正宗」(1合)	450円

蒲焼 柳川 たつみや

かばやき やながわ たつみや

✆ 03-3260-7016

住 新宿区神楽坂4-3
交 JR 飯田橋駅西口から徒歩5分
営 12時～14時30分、17時30分～20時30分（日曜・祝日は17時～20時）　休 火曜・第3水曜　喫 可
個 なし　予算 2000円～

器にもこだわったうな重(寿)。熟練の職人が、昔と変わらない味を守っている

うな重だけで5種類も

かぐら坂 志満金

（かぐらざか しまきん）

明治以降、東京を代表する花街、繁華街として発展した神楽坂。明治2年（1869）、その坂下に開業した牛鍋屋がこの店の始まりだ。明治の中ごろにうなぎ屋に転身し、以降現在まで、神楽坂の変遷を目の当たりに暖簾を繋いできた。

通りに面して商家風の広い間口を開いた店舗は、昭和52年の建築。1階は落ち着いた和風の、2階は神楽坂を見下ろすガラス張りの明るいテーブル席、3階には宴会場がある。地下の茶室では会席料理をいただけるなど、席数が多く部屋のバリエーションに富んでいるため、宴会利用でも親しまれている。

主に静岡県焼津《やいづ》産を使っているうなぎは、蒸してから焼く昔ながらの江戸風。やわらかい身に、つぎ足して長年使いつづけてきたあっさりめのたれがよくからむ。うなぎの大きさで分けたうな重5種類のほか、蒲焼をセットした幕の内や会席料理など食事のラインナップが充実している。食後は、オリジナルの和菓子と抹茶のサービスがうれしい。

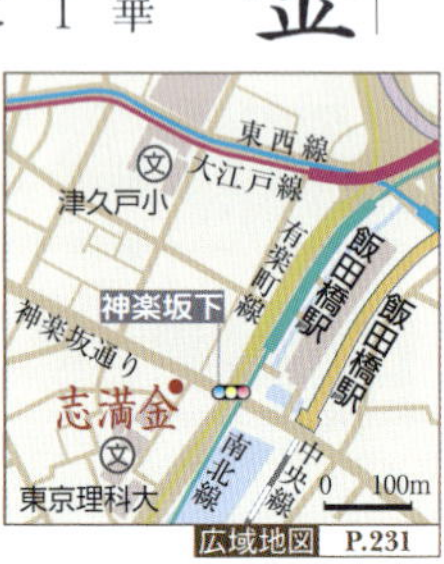

広域地図 P.231

神楽坂に生まれてやがて150年
街と同じ歴史を生きてきた店

上）う巻きは器といい盛りつけといい、調理人のセンスのよさがうかがえる繊細さ　左）籐の椅子がゆったりとおしゃれな2階テーブル席

右）食後の楽しみ、抹茶と和菓子。ほんのりゆかしい甘さの和菓子は、徳島県産の和三盆を使った特注の落雁　左）海月亭は地下にある3つの茶室のうちの一つ。静かにくつろいで茶事や会食を楽しめる

おしながき

うな重……………………雪2700円・
　寿3200円・雅3700円・東5200円
うなぎ定食……………………5000円
蒲焼会席………………………6800円
幕の内(松花)…………………3500円
会席料理………………………8500円～
う巻き…………………………1500円
うなぎ茶漬け…………………1500円
肝吸い……………………………300円
日本酒「久保田」(萬寿・2合)……3000円
＊消費税別

かぐら坂 志満金

かぐらざか しまきん

✆ 03-3269-3151

住 新宿区神楽坂2-1
交 JR飯田橋駅西口から徒歩1分
営 11時～22時　休 無休
喫 可　個 あり
予算 昼3000円～ 夜4000円～

うな重(特上)の器のデカいこと。でもブランドうなぎの味は期待を裏切らない

特丼はびっくりうれしい超弩級

千代福（ちよふく）

京葉道路と清澄《きよすみ》通りが交差する緑1丁目交差点近くに、白く「鰻」と染め抜いた暖簾をかけてしゃれた装いの店が建つ。外観は和風モダンな割烹風だが、店内の雰囲気はごく庶民的だ。

主人の西川創司さんは、18歳ごろから都内各所のうなぎ店で修業を積み、腕を磨いた大ベテラン。その修業中に、親方からよく「うなぎ料理が一番難しい。これさえ身につければ、ほかの料理はすぐにできる」といわれたという。しかし、どんな料理も手がけるようになった今は「そんなわけにはいきませんでしたね。うなぎに限らず、和食はみんな難しい」と笑う。

千代福では、うな重の特上以上には養殖うなぎの高級ブランド・坂東太郎《ばんどうたろう》を、ほかは愛知県・宮崎県・鹿児島県産などを使う。直径21cmもの大きな漆塗りの丼で供されるうな重の特上や大串、蒲焼とご飯が別盛りの組重など、店の看板料理でブランドうなぎを堪能したい。鶏肉のキジ焼と蒲焼をご飯の上に半々にのせたらんち重は、お得感いっぱいの昼の人気料理だ。

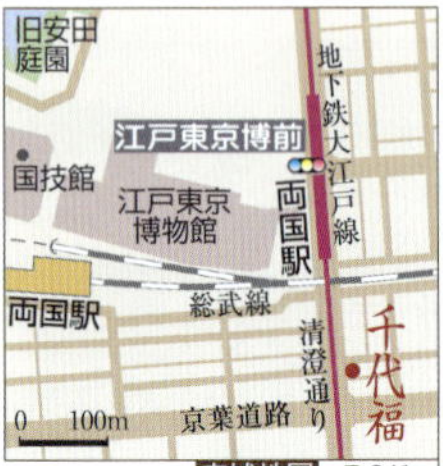

広域地図 P.241

18歳から修業を積んだ店主が多彩なスタイルのうな重を創出

上）自家製の合わせ酢が味を引き締めるうざく

上右）豪勢に肝を刺し連ねたきも焼き。たれはやや辛めだ　上左）まぐろの山かけは酒の肴の定番人気　下右）くだけた雰囲気の店内にはカウンター、テーブル席、小上がりがある　下左）文字どおり額に汗してうなぎを焼く西川さん

おしながき

- らんち重(昼のみ) ・・・・・・・・・・・・・ 1000円
- うな重・・・・・・・・・・並1950円・上2700円・特上3200円・大串3700円(特上と大串は組重にできる)
- 蒲焼・白焼 ・・・・・・・・・・・・・・・ 各1950円～
- うざく ・・・・・・・・・・・・・・・・・・・・・・ 1200円
- きも吸い ・・・・・・・・・・・・・・・・・・・・・・・ 150円
- 日本酒「白鶴」(上撰・1合) ・・・・・・・ 430円
- 日本酒「神亀」(300ml) ・・・・・・・・ 1510円

＊消費税別

千代福《ちよふく》

✆ 03-3631-4206

住 墨田区緑1-18-1
交 JR 両国駅東口から徒歩5分
営 11時30分～13時45分、17時～20時30分
休 日曜　喫 可　個 なし
予算 昼1500円～ 夜4000円～

鰻重定食特上。絶妙な焼き加減のうなぎ、そしてたれの艶やかなこと

うなぎとすっぽんの二枚看板

明神下 神田川支店

（みょうじんした かんだがわしてん）

　名店の誉れ高い明神下神田川本店（12頁参照）が暖簾分けした店は、東京と京都にわずか1軒ずつ。「神田川支店」を名乗るのは、抜群の業師にのみ許された、いわば免許皆伝の証だ。その東京の一軒が大正7年（1918）創業のこの店。初代の息子2人が2代目を継ぎ、現在は2代目の子どもたち、初代の孫に当たる2人が3代目を受け継いでいる。こうして創業以来の、いかにも一族経営らしい家族的な雰囲気は今も変わらない。

　創業のころは旧国技館の御用達的な店として知られ、その後も名横綱千代の山、栃錦らと親交を重ねるなど角界との繋がりが深かった。国技館が再び両国に戻ってきた現在は、相撲見物帰りのなじみ客が足繁く訪れる。関東大震災や先の戦災を潜り抜けてきた相伝のたれ、蒸す前の白焼きに丹精を込めるなどたゆまぬ職人の技が、長く顧客の心をつかんできた。

　うなぎと並んですっぽん料理が人気だ。この二枚看板とも、初代の力量を今もしっかり伝えているのはさすがといえよう。

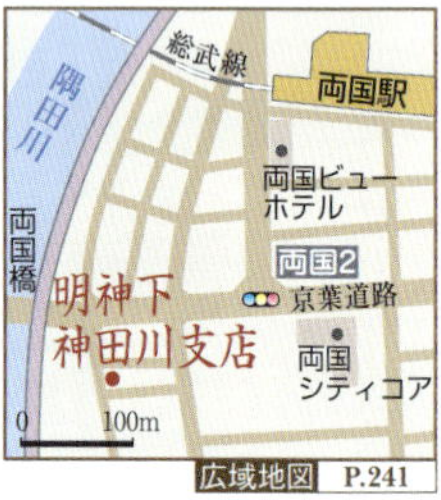

広域地図 P.241

相伝のたれに、調理の技に
名店の味をしっかりと伝える

上）ボリュームのある白焼　中）好評のきも焼　右）建物は昭和25年建築。２階にある４つの個室で料理をいただく　左）３代目の一人、多辺賢一さんと奥さんの明子さん

おしながき

鰻重定食 ……… 並3658円・上4248円・特上4838円
鰻蒲焼定食 …… 上4248円・特上4838円
重箱会席 …………… 7080円〜9440円
蒲焼会席 …………… 7670円〜9440円
蒲焼 ………… 並2832円・上3422円・特上4012円
白焼 …… 2832円・上3422円・特4012円
きも焼(2本) ……………………… 1062円
すっぽん鍋 ………………………… 4366円
すっぽん定食 ……………………… 4956円
すっぽん会席 ……………………… 7434円
＊すっぽんは夏期は要予約

明神下《みょうじんした》 神田川支店《かんだがわしてん》

✆ 03-3631-3561

住 墨田区両国1-9-1
交 JR 両国駅から徒歩5分
営 11時30分〜13時、16時30分〜20時（LO） 休 日曜、祝日 喫 一部可 個 あり 予算 昼4000円〜夜5000円〜

うな重(松)のうなぎは、風格さえ感じさせる大きさ。うな重はすべてきも吸いと漬物つき

ご神水がうなぎを清める

川千家

（かわちや）

映画『男はつらいよ』の舞台・柴又帝釈天《しばまたたいしゃくてん》（題経寺《だいきょうじ》）の参道に建つ川魚料理専門店。矢切の渡し近くの江戸川河原に、安永年間（1772〜81）に茶店を開いたのが始まりといい、店の歴史は古い。現在地に移ったのは柴又に人車鉄道が開通し、帝釈天への人の流れが変わった明治33年（1900）、5代目のころ。以後も代を重ね、現在の当主は10代目を数える。そんな老舗ながら柴又という土地柄からか、店はごく庶民的だ。

名物のうなぎと鯉は生簀《いけす》に泳がせて、どちらも注文を受けてから調理する。生簀には、敷地内の地下40mから汲み上げる井戸水を満たす。「この帝釈天のご神水が、川魚特有の泥臭さや生臭さを消してくれるんです」と当主の天宮久嘉さん。季節ごとに一番の産地からうなぎを仕入れ、米は新潟県上越《じょうえつ》市の浦川原《うらがわら》で作るコシヒカリ。浦川原の米を使うのは、戦時中に柴又の人々がこの地に疎開した縁からという。さすが寅さんのふるさとと、時は移っても人情の濃さは変わらない。

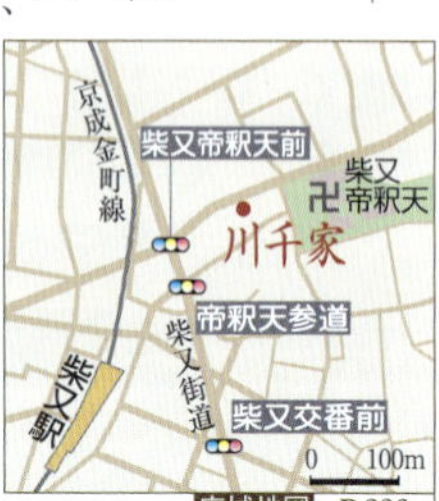

広域地図 P.226

生まれも育ちも葛飾柴又
帝釈天門前に店を張る老舗

上）うなぎの洗いは梅肉か、わさび醤油でいただく
右）窓の外に参道を望む小上がり　下）食事の合間には、純和風の清楚な中庭が目を楽しませてくれる

おしながき

うな重……… 梅2800円・竹3300円・松4000円
蒲焼き……… 梅2200円・竹2700円・松3400円
季節のランチ(平日のみ)………3800円
ひつまぶし……………………4300円
きも吸い………………………330円
鯉・うなぎの洗い…………各760円
うざく…………………………760円
日本酒「菊正宗」(1合)…………540円
日本酒「八海山」(純米吟醸・1合)…1400円

川千家
かわちや

✆ 03-3657-4151

住 葛飾区柴又7-6-16
交 京成線柴又駅から徒歩3分
営 11時～19時　休 無休
喫 一部可　個 あり
予算 3000円～

坂東太郎うな重。希少な天然うなぎを味わえる

うなぎも酒も一級品ぞろい

うなぎ 魚政

（うなぎ うおまさ）

四ツ木駅の改札を出て、線路沿いに歩いてすぐのビル1階にある。うなぎはすべて鹿児島県産や宮崎県産など国産を用い、ブランドうなぎの坂東太郎《ばんどうたろう》や、浜名湖産の天然うなぎ、また4月～11月下旬には涸沼水系の天然うなぎ（入荷時のみ）が味わえる。近年では、この極上の天然うなぎ目当てに予約が絶えない人気店になっている。

注文が入ってからうなぎをさばき、紀州備長炭でじっくり焼き上げるため調理に40分以上かかる。必ず予約をしてから訪れたい。つぎ足して使ってきた中辛のたれが、うなぎはもちろん新潟県産の佐渡米のご飯とよく合う。

うなぎに合う地酒のラインナップも豊富だ。なかでも黒龍の大吟醸純米酒「石田屋」や「仁左衛門」など、なかなかお目にかかれない銘酒も置かれている。うなぎの肝や短冊の素焼きなど「日替わりおつまみ」や、鰻かぶと佃煮など、よい酒に合う肴もずらりとそろっている。

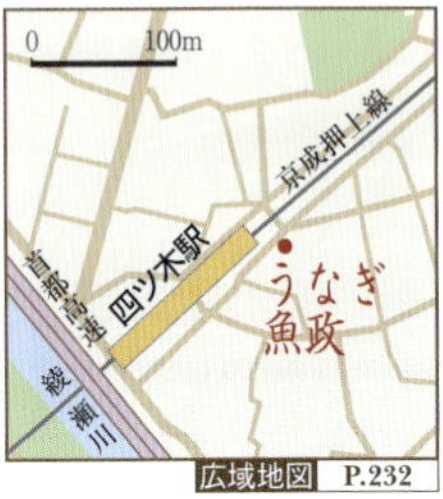

広域地図 P.232

坂東太郎に浜名湖産天然もの うなぎの贅沢ここに極まる

上）できあがりを待つ間も楽しいうなぎの志ら焼　左）日替わりおつまみのレバー（手前）とうなぎの短冊の素焼き（奥）。自家製の肝塩をつけていただく　下右）香ばしいうなぎの骨せんべいとさきたての肝わさ。うなぎを待つ間に出される一品　下左）白とグリーンを基調にした広々としたテーブル席

おしながき

うな重 ………… 国産鰻（上）4315円・（特上）5380円
坂東太郎うな重 ………（上）4830円・（特上）5880円
天然鰻（春頃から秋頃） ………… 時価
坂東太郎志ら焼 ………（上）4620円・（特上）5670円
日替わりおつまみ（一人前） …… 1080円
鰻かぶと佃煮 ………………… 650円
肝吸い ……………………… 215円
冷酒 黒龍「石田屋」（四号瓶）… 27000円

うなぎ 魚政

うなぎ うおまさ

✆ 03-3695-5222

住 葛飾区東四ツ木4-14-4
交 京成押上線四つ木駅から徒歩1分
営 11時30分～13時（LO）、17時～20時（LO）
※売り切れ次第終了　休 火曜、第1・第3水曜
喫 不可　個 あり　予算 昼5000円～ 夜6000円～

ほろほろとやわらかい浜名湖産うなぎの上鰻重。サービスの味噌汁つき

川を生簀代わりにしていた店

川甚

（かわじん）

寛政年間（1789〜1801）の創業から明治ごろまでは江戸川の川べりにあって、建物の下を流れる江戸川を生簀《いけす》代わりに利用し、舟で訪れた客はそのまま座敷へ上がれるなど、まことに風流な造りの店だった。のち江戸川の改修に伴って、大正7年（1918）に現在地の江戸川土手沿いに移転し、昭和39年、建物も4階建てのビルに建て替えられた。とはいえ今でも川に向いた部屋からは、豊かな江戸川の流れや矢切の渡しを行く小舟など、のどかな景色を広々と望める。

生簀に泳ぐ活きうなぎを調理するため、仕上がるまで20分ほど待たされるが、浜名湖産のうなぎの身はとろけるようで、皮までやわらかい。水のうちから鯉と味噌を入れて煮る鯉こく、蜂蜜を用いた照りがみごとな甘煮など、鯉料理も人気だ。

尾崎士郎の『人生劇場』や夏目漱石の『彼岸過迄』などに登場し、松本清張や三島由紀夫ら多くの文人に愛されてきたこの店は、柴又の名店として今も暖簾を守りつづけている。

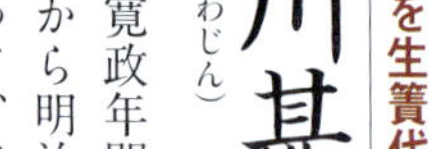

広域地図 P.226

窓外の名景に目を遊ばせつつ
文人に愛された味を楽しむ

上）じっくり煮込んだ鯉の甘煮。照りがみごと　左）サイドメニューの定番、う巻き（左）とうざく

右上）かいわれ大根と赤芽を添えた鯉の洗い　右下）鯉こくには２種類の味噌を合わせて使う　左）江戸川を目の前に眺める４階の筑波の間

おしながき

並鰻重	2800円	う巻き	1800円
上鰻重	3500円	うざく	1800円
特上鰻重	4700円	鯉こく	800円
お子様弁当	3300円	鯉の洗い	900円
上蒲焼き	3300円	コース料理	6000円～
特上蒲焼き	4500円	昼限定コース	4285円
白焼き	3800円	日本酒「誠鏡」(1合)	460円

＊消費税別

川甚
かわじん

✆ 03-3657-5151

住 葛飾区柴又7-19-14
交 京成金町線柴又駅から徒歩７分
営 11時～15時、17時～21時（要予約）土・日曜・祝日11時～21時（17時以降要予約）　休 水曜　喫 不可　個 あり　予算 昼3500円～ 夜5000円～

白焼きはなめらかな舌ざわり。わさびと土佐醤油でさっぱりといただく

うなぎのみの料理で勝負！

安斎（あんざい）

　店主が「できれば予約を」というのにはワケがある。それは「うなぎの味はタイミングが大切」との信念からだ。待たせず、しかも作り立てのうなぎを客に供したい。そのためには客の来店時間から逆算して、うなぎを割くなどの仕込みを始める必要がある。だから、来店時間を前もって知っておきたい……。うなぎ好きの間ではつとに高評価だった先代の意志は、しっかり二代目に受け継がれている。基本の料理は、うな丼と白焼き。

　うな丼のうなぎは、つやもみごとに身はふっくらとやわらかく、皮はあくまで香ばしい。味を抑え気味のたれとうなぎの風味が溶け合ってすべてのバランスがほどよく、パリッと炊きたてのご飯ともよく合う。しっとりした身がとろけるような白焼きは、わさびと土佐醤油でいただく。

　うなぎは愛知県三河産や九州産など、それぞれの土地の一番いい時期のものを仕入れ、作り置きをしないという基本に忠実に、その日のうちに使い切るようにしている。

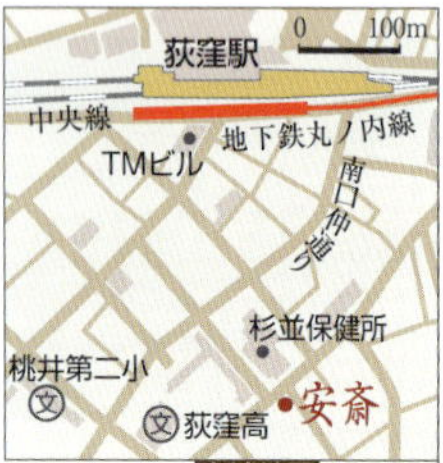

広域地図 P.227

客の来店時間に合わせて調理する 待たずに作り立てを食べられる店

上）照りもみごとなうな丼。身は驚くほどふっくらとやわらかい　下）テーブル席のみの１階はシンプルな造り

上）２階の座敷は簡素な内装で落ち着ける　左手前）うな丼の形を模した「うな丼」の額　左奥）店内に貼ってある「鰻 群霊供養」のお札

おしながき

うな丼	2900円	骨せんべい	300円
白焼き・蒲焼き	各2700円	ビール(小)	400円
肝焼き	500円	日本酒(1合)	700円
ひれ巻き	400円		

安斎《あんざい》

✆ 03-3392-7234

住 杉並区荻窪4-12-16
交 JR 荻窪駅南口から徒歩5分
営 11時30分 ～13時30分、17時30分 ～19時30分(LO)　休 水曜・木曜　喫 不可　個 なし
予算 3000円～

一通りは、肝や皮など６種類の串の一緒盛りだ

びっくり！ 味のバリエーション

川勢（かわせ）

荻窪駅北口から目と鼻の先、懐かしの昭和のころを彷彿させるアーケード街の一隅にある。うなぎの頭から尻尾まで、どこからどこまで食べさせてくれる串焼が看板の店だ。

串はカウンター目の前の炭火の焼き台で、一本一本手焼きしている。細く切った身を串に巻いた串巻は、身は歯ごたえよく弾力があり、皮の香ばしさが鼻をくすぐる。いろいろな内臓を一本に刺して焼いたきも焼は、ほのかな苦味が酒によく合う。背びれを使うひれ焼は独特の食感が楽しく、ほかにもごぼうの芯に身を巻いた八幡巻《やわたまき》、新鮮そのもののレバーなど、それぞれに特徴のある味を楽しめる。『一通り』をと頼めば１人前で６種類。串とはいいながらボリュームたっぷりで「うなぎ屋で満腹になってこの値段!?」と驚く客も多いという。

その日仕入れた新鮮なうなぎを、下処理の手を抜かずにさばくこと――主人の鈴木康治さんは、味の秘訣をこう明かす。８割が常連客なのも、主人の技と人柄に惹かれてのことだろう。

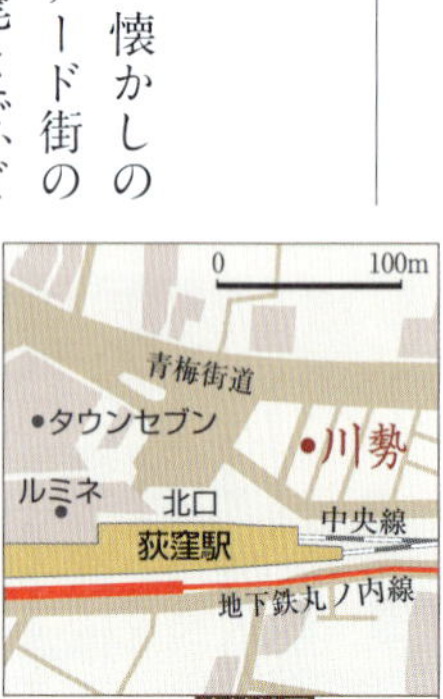

広域地図 P.227

頭も尻尾も内臓も うなぎをとことん食べ尽くす

上・左）手際よく串を焼く主人・鈴木康治さん　下）酒の後の締めや、家族連れの子どもにも人気のまぶし丼　下左）1階は細長いカウンター席。2階にテーブル席がある

おしながき

串巻(1本・以下同)・きも焼・ばら焼・ひれ焼・れば焼 ……………… 各220円
八幡巻(1本) ……………… 350円
うな丼 ………… 1500円・上2000円・ランチ1200円
まぶし丼 ……………… 1300円
キャベツ ……………… 150円
ビール(中) ……………… 600円
日本酒(純米・8勺) ……………… 550円
焼酎(3杯まで・1杯) ……………… 350円

川勢
かわせ

✆ 03-3392-1177

住 杉並区上荻1-6-11
交 JR 荻窪駅北口から徒歩3分
営 12時～14時、17時～22時（売り切れ次第閉店）
休 日曜　喫 可　個 なし
予算 昼1200円～ 夜2000円～

身がふっくらほどけるようなうな重。ボリュームもたっぷり

京橋の名店の技を受け継ぐ

小満津

（こまつ）

青梅街道から少し外れた住宅街に建つ、夫婦で切り盛りする小ぢんまりした店。かつて北大路魯山人らが通い、京橋にうなぎの小満津あり、と名を馳せた名店の主人が、現当主・前田治雄さんの祖父にあたる。一時は閉めたその店の名を惜しんで、二十数年前に現地に復活させた。

「こんな頑固な人、見たことない」と奥さんの恭子さんが笑うほど、うなぎに対する当主の姿勢は厳しく、時には入荷したうなぎの3割を「気に入らない」と捨てていたこともある。

「あまり太いうなぎは脂が強すぎて風味が負ける。細めのほうが味がこまやかですね」。一匹一匹の性質《たち》を見極めて蒸し時間を5分～数十分の間で変え、最高級の紀州備長炭で焼く。細心の手間をかけ、たれはあっさり上品なうな重は、匂いもつやもくっきりと、ひと口噛めば身はホロホロととろけるようだ。

きめ細やかな接客を心掛けたいという女将の思いから、席数は18席のみ。必ず予約を入れてから訪れたい。

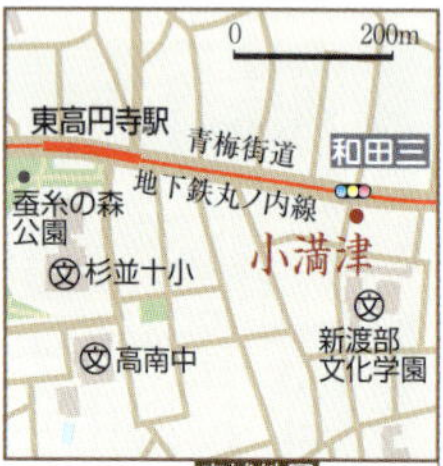

広域地図 P.234

うなぎの性質を見極めて 1匹ごとに蒸し時間を変える

上）鰻の串焼きは、何が食べられるかはその日次第。店を訪れてから店主に尋ねよう

上右）カーテンで仕切られた個室風のテーブル席。別席の客同士が顔を合わせないように配慮されている　右下）6名のテーブル席はうなぎ店とは思えない洋風のしつらえ。個人宅に招かれたようなプライベート感のある空間だ　左）再奥のテーブル席。希少な日本酒もテイスティングできる

おしながき

うな重(竹) ……………………4644円
白焼き…………………………4968円
うざく・うまき ………………各1620円
ひつまむし ……………………6804円
うなぎの「きも焼き」などの串メニュー…
540円～1080円
コースメニュー(1人分) ………10800円
カップルコース(2人分) ……14040円～
天然・養殖食比べコース ……18360円～
天然鰻単品(お重 or 蒲焼) …9720円～
生ビール ……………………………756円
純米酒 …………大2700円・小1512円
ワイン(白・赤) ………… グラス756円・
ボトル4320円～

小満津《こまつ》

Ⓒ 03-3315-1575 (予約専用・080-8734-1091)

住 杉並区和田3-62-3-101
交 地下鉄東高円寺駅2出口から徒歩5分
営 11時30分～14時、17時～20時(LO)　休 月曜(祝日の場合は翌火曜)、第2火曜　喫 不可　個 なし
予算 昼夜とも5000円～

1時間以上蒸してから炭火で焼く鰻重。まさに職人技の結晶

土用の丑の日は休みます

五代目 野田岩 下北沢店

（ごだいめ のだいわ しもきたざわてん）

創業約二百年の老舗・五代目 野田岩（34頁参照）の支店。4月中旬から11月中旬までは本店同様に、霞ヶ浦や利根川などの川魚漁師から直接仕入れる天然うなぎを食べられる。「ライバルというか、目標は常に本店です」と語るのは、店長の大澤新一さん。本店と味が違うといわれては暖簾に傷がつくと、いつも意志を高く持って仕事するよう心がけている。生え抜きの職人ばかりの五代目 野田岩でも、入店40年以上の一番の大ベテラン。「うなぎはそれぞれ性質《たち》が違う。天然ものは素直に割けて蒸しも速く、思ったとおりに焼き上がる」という。

鰻重、鰻丼はもちろん、なかでも白焼をのせた志ら丼をおすすめしたい。強火で焼くため皮はカリッと香ばしく身はやわらかく、うなぎ本来の風味をたっぷり堪能できる。ご飯の下にもうなぎが敷いてあって、ボリュームも十分だ。「忙しすぎて仕事に手抜きがあっては申しわけない」からと、土《ど》用《よう》の丑《うし》の日は休業。これも名店の心意気か。

広域地図 P.242

「思ったとおり」に焼き上げた
天然うなぎをじっくり堪能

上）うなぎそのものの味が際立つ志ら丼は、わさびでさっぱりと　右）野田岩ひと筋40年以上の店長・大澤新一さん　下）2階のテーブル席は鄙びた和風の造り

おしながき

鰻丼	2200円
鰻重	菊2900円～
蒲焼	芙蓉4800円・藤5300円・桐6000円
志ら焼	3000円～
志ら丼	3800円
中入丼	3800円
志ら焼定食	3600円
鰻とふかのひれ入り茶碗蒸し	1340円
コース	4650円～
鰻巻き	540円
鰻の煮こごり	650円

五代目 野田岩 下北沢店

ごだいめ のだいわ しもきたざわてん

✆ 03-3413-0105

住 世田谷区北沢2-19-15
交 小田急線・京王井の頭線下北沢駅南口から徒歩1分
営 12時～14時30分（日曜のみ）、17時～20時30分（LO）　休 月曜と土用の丑の日　喫 不可　個 なし
予算 2200円～

うな重は、お重からはみ出たうなぎがＵターンしている

蜂蜜を使うたれの絶妙の味

神田きくかわ 上野毛店

（かんだきくかわ かみのげてん）

神田きくかわ（14頁参照）の支店。黒板塀に黒板の門、池に鯉が泳ぐ中庭など、料亭風の造りが粋な落ち着ける店だ。

神田きくかわは、愛知県一色町《いっしきちょう》にある自前の養鰻《ようまん》場ほか、その土地その時期に最良のうなぎを仕入れ、一括してここ上野毛店の立て場に集めて身を調えている。うなぎは毎朝生きたまま調理場に届き、その日のうちにさばく。新鮮この上なし。

うな重は、まずうなぎの立派さ（本店同様2匹づけの二つ折り）に目をみはり、ひと口含んで特徴あるたれの味に驚かされる。砂糖の代わりに蜂蜜を使っているのが神田きくかわ流といい、甘さと辛さを利かせながら舌ざわりはまろやかで、後味はすっきりと口に残らない。店の人の「女性でも大きなうなぎをぺろりと召し上がります」との言葉も頷ける。

刻みねぎとぽん酢でさっぱりと食べる鰻白焼たたき、肝の苦みにゆずの風味がぴったりのうなぎレバー寄せ、甘い玉子焼きでうなぎを巻いたう巻きなど、一品料理もいろいろ。

広域地図 P.249

自家の井戸水で身を調えた
新鮮そのもののうなぎが2匹

上）たっぷりのうなぎを巻いたう巻き
右）1階の廊下奥、しっとりしたたたずまいの純和風の中庭
下）1階には大きなカウンターがデンと構える

おしながき

うな重……………イ3250円・ロ4260円・ハ5380円
蒲焼・白焼………イ3160円・ロ4170円・ハ5280円
特撰きく膳(平日ランチ)…………3710円
姫膳・きく膳…………………各6350円
特撰丼(一日限定食)……………4170円
鰻白焼たたき……………………1030円
う巻き……………………………1310円
ビール(中)………………………690円
日本酒「菊正宗」(上撰・1合)……540円
＊消費税別

神田きくかわ 上野毛店

かんだきくかわ かみのげてん

✆ 03-3705-3737

住 世田谷区中町 4-20-13
交 東急大井町線上野毛駅から徒歩13分　営 11時30分～21時30分　休 月曜（祝日の場合は翌日）　喫 分煙
個 あり(要席料)
予算 昼3500円～ 夜5500円～

うなぎについて思い出すこと

土用《どよう》の丑《うし》の日が近づくと、うなぎ好きならずとも、なぜかうなぎを食べずには済まない雰囲気が巷《ちまた》に漂ってくる。河川と湖沼の多い日本列島は、昔からうなぎの棲息に適した地だったらしく、万葉集の大伴家持《おおとものやかもち》の歌に「……（略）夏やせによしといふものぞむなぎ（＝うなぎの古語）取り召せ」とあることからも、日本人が古くからうなぎを食べていたことは得心がゆく。けれど、当時の調理の仕方までは不明のようだ。

江戸時代も中期になると、うなぎを縦に割いて蒸してから焼く方法が普及し、合わせて醤油《しょうゆ》や味醂《みりん》の発達を受けてよいたれが造り出され、それがうなぎの脂や身の味を引き立てた。焼くときの匂いが香ばしく、蒲焼は大いに人気を博したという。

土用の丑の日にうなぎを食べるという習慣は文政（1818～30）のころに始まったようだ。人気があったとはいえ、当時は屋台や辻売《つじう》りがほとんどで、江戸時代の後期にかけて、腕のよい職人たちが店を構え始める。今も伝統の味を受け継ぐ老舗の伊豆榮、前川（52頁参照）、野田岩（34頁参照）などの創業もこのころである。

周知のように、江戸（東京）に代表される関東と大坂（現大阪）に代表される関西では、調理の方法が多少異なる。幕府お膝元の江戸では武家文化の影響から、腹開きは「切腹に通じる」からとうなぎを背開きし、素焼きして蒸したのち、たれをつけて本焼きする。関西、なかでも商人の町・大坂では「腹は黒くない」からと腹開きして素焼きし、たれをつけて本焼きする。東はたれが辛めであっさりしており、西はうなぎを蒸さない分だけ脂が濃い。

幼いころ、父の勤め先の丸ビルにあった竹葉亭本店（24頁参照）で食べた蒲焼は、驚きを伴った、本当においしい思い出だ。長じてラジオ局で、選挙など特別勤務の折に会社から支給される冷めた蒲焼弁当も、それなりにうまかった。

各地を旅して食べたうなぎ料理、例えばフランスのヴァローナの桃色のマトロット、ロンドン・テムズ川畔の店のゼリー寄せ、日本各地のさまざまなうなぎ料理、また東京のフレンチレストランの冷製など、これらもそれなりにおいしかった。

とはいえ懐かしくも深い幼児体験ゆえか、創業以来の味を伝えている竹葉亭本店、石ばし（48頁参照）、野田岩、秋本など、東京の蒲焼がやはり大好きだ。上品で香ばしい丹精込めた濃い飴色のたれが、ふっくりした身にからまり、まるで口の中でとろけるようだ。この東京の蒲焼こそ一番、と思っている。

春の一日、秋本での遅い昼餉

久しぶりに日本を訪ねてきた友人の英国人外交官夫妻に、「何を食べたい？」と聞くと、即座に「うなぎですね」との答えが返ってきた。短い日本滞在のうちの、大切な時間である。地の利を考え、またそれなりに日本風ということで秋本に決めた。

今はビルが林立する麹町にあってただ一軒、戦後建て直されたとはいえしっとりした木造のこの店は、昔の東京はかくやと思わせるたたずまいだ。客の多くは比較的年配で地味ながら、もの静かで身なりよく、声高にしゃべることなどしない。

私が注文するのは、どこの店でも白焼、蒲焼、うな重に肝吸いと決まっている。なかでもこの店の白焼は特別だ。ほどよい焼き加減もさることながら、山椒《さんしょう》を添えたつけ醤油が格別だ。醤油特有の臭みがなくて切れがよく、香ばしいうなぎの身と脂をすっきりと味わわせてくれる。店の人は「お酒で割ってあります」とだけ。蒲焼は蒸し加減、焼き加減よくふっくらと香りも高く、東京風の甘辛のたれがほどよくからまっている。うな重はよその店とは違い、蒲焼とご飯が別のお重に入っており、どちらも折敷に乗せて供される。

店の人はあまり商家臭くなく、物腰は丁寧で柔らかい。行儀よく静かにおいしく食事を、というときには最適の一軒といっていい。ちなみにこの日は前述した英国人夫妻と江戸っ子の地質学者夫妻、それに私たち夫婦の3組で旧交を温めつつ、春の昼《ひる》下がりの遅い昼餉《げ》を楽しんだ。

入れ込みの座敷がいい
うなぎ割烹 尾花

都心を離れて南千住まで行くこともあり、この店を訪れるときはたいていが遠足気分だ。開店を待って、いつも門の前に何人かの客がたたずんでいる。予約は取らない。門が開いて大きな玄関から店に入ると、すべての客は到着順に、畳敷きの六、七十人は入ろうかという入れ込みの大広間に通される。塗りのちゃぶ台はみるみる満席。座って、小1時間ほどは待つ。なぜなら、座った客の注文を受けてからうなぎを割くためである。私たちの注文は白焼、名高い大串、うな重に蒲焼、それに待つ間を繋ぐお新香、と単純だ（この日は残念ながら大串はなく、勧められた中串にする）。

お新香が本当においしい。紫紺《しこん》とはこの茄子《なす》の漬物のための言葉か、と思わせるほどのあざやかな色。そして大根、きゅうりなど、歯ごたえと季節の香りを小鉢一つに盛りつけているのは、まことにみごとだ。

やがて白焼が運ばれてくる。山椒醤油で食べる白焼は、さわやかな脂が舌に残る。次に中串、つづいてうな重と蒲焼を、肝吸いと一緒にいただく。中串とはいえ青磁《せいじ》の大皿に堂々と、飴色も艶やかなたれの香味も芳しく、身を舌にのせれば、ふんわりととけてゆく。味は濃厚だ。うな重、蒲焼に比べ、中串はたれが違うのかと思えるほどの味だったが、店の人は「同じたれを使っています」という。なるほど、これはうなぎの大きさにより、脂の味が違うのだと思い当たった。大満足。畳の座敷ということもあり、食後はのんびりと寛いだ。

秋本（あきもと）
千代田区麹町3-4-4

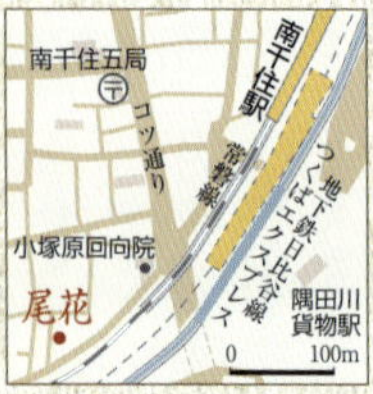

うなぎ割烹 尾花（おばな）
荒川区南千住5-33-1

天麩羅の名店厳選52軒

エビ３本、カボチャ、海苔がのる海老天丼。安くて旨い正統派天丼だ

天丼の醍醐味を満喫

神田 天丼家

（かんだ てんどんや）

さまざまな飲食店や古書店がひしめく神田神保町の一角、靖国通りから路地を入ったところにある、カウンター10席だけの天丼専門店。営業時間は昼の4時間だけ、メニューは海老天丼と天丼の2種類のみというスタイルを貫きながら、いつも行列が絶えない確固たる人気を博している。

もともとは同じ神保町でも明治大学の裏手の路地で昭和47年に先代が開いた「天丼いもや」が前身。平成23年に現在地に移転し、今は2代目の須賀雅治さんが味を受け継いでいる。場所と店名が変わっても、学生時代から慣れ親しんだ味を求めて通い続ける昔ながらの常連客も少なくない。

揚げ油は白絞油に香り付けのゴマ油をブレンドして使用。醤油風味の丼つゆも甘くない江戸前の味だ。なにより天ぷらが揚がってから数秒で供されるので、熱々を豪快にかき込む天丼ならではの醍醐味を存分に楽しめるのが魅力といえる。ご飯の大盛・中盛は50円増しだが、残さず食べると無料になる。

広域地図 P.239

メニューは2種類の天丼のみ
熱々を豪快にかき込もう

上）キス、イカ、エビ、カボチャ、海苔がのる天丼は何と600円　下左）天ぷらを揚げるいい匂いが店内に漂い、食欲を刺激する　下右）店主の須賀雅治さん

下）磨き込まれた白木のカウンターは先代の店から移設

おしながき

海老天丼	850円	いか	100円
天丼	600円	きす	100円
えび	200円	おしんこ	100円

神田 天丼家
かんだ てんどんや

✆ 03-6272-3306

住 千代田区神田神保町3-1-14
交 地下鉄神保町駅 A1出口から徒歩２分
営 11時〜15時頃
休 日曜、祝日　喫 不可
個 なし　予算 600円〜

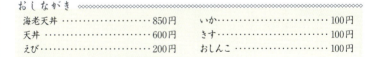

コースから、さっくり揚がった穴子、才巻海老、早春ならではの百合根、そら豆、しらうお

名人の技を受け継ぐ

天ぷら 天真

（てんぷら てんしん）

店主である樟山さんは20年間、神田猿《さる》楽町《がくちょう》にあった「天政」で働き、名人として名高い橋井政二さんから料理の極意を学んだ。天ぷらの揚げ方はもとより、客との接し方なども名人を見て覚えたという。平成元年、政治家や財界人など舌の肥えた客が多い平河町《ひらかわちょう》に店を構えて独立。天政の技を受け継ぐ天ぷらを出している。甘みのある才巻《さいまき》海老をはじめ主な素材はその時期いちばんのものを市場で揃えるが、人気のある穴子だけは一年を通して横浜柴漁港産を使っている。油は綿実《めんじつ》7割、胡麻3割。衣を薄くつけ、素材の水分を加減しながら揚げた天ぷらにくどさはなく、軽い食べ心地が快い。

天政で覚えたことの一つにワインがある。油で揚げることで素材の旨さを引き出す天ぷらにはワインが、ことにシャブリのようなすっきりした白ワインがよく合うそうだ。普段飲む酒もワインというだけあって、ワインセラーには樟山さんが舌で選んだワインが豊富に眠っている。

広域地図 P.239

名店仕込みの上品な天ぷらを 店主が選んだワインとともに

上）海老・野菜天丼はランチタイムの一番人気　左）才巻海老の天ぷらに白ワインを合わせて　下左）掘りごたつ式になったお座敷天ぷらの部屋　下右）真剣な表情でひと品ひと品丁寧に揚げる樟山さん

おしながき

〈昼〉		〈夜〉※サービス料10%別	
穴子天丼	1900円	花コース	8500円
野菜天丼	1300円	月コース	1万1000円
海老・野菜天丼	2300円	雪コース	1万3000円
特製天丼	3800円	シャブリ(ボトル)	6500円〜
昼コース	5800円		

天ぷら 天真
てんぷら てんしん

✆ 03-3222-1588

住 千代田区平河町2-3-10ライオンズマンション平河町1F
交 地下鉄麹町駅1出口から徒歩3分
営 11時30分〜13時30分、17時〜20時30分(LO)(土曜は夜のみ営業)　休 無休　喫 個室のみ可　個 あり　予算 昼1300円〜 夜8500円〜

ぷりっとした身が甘い才巻海老と滋味豊かな季節の野菜。沖縄と大島産をブレンドした塩がよく合う

名店の歴史をつなぐ

お座敷天麩羅 天政

（おざしきてんぷら てんまさ）

かつて神田猿楽町《さるがくちょう》の天政といえば、店主・橋井政二さんの揚げる絶妙な天ぷらでその名を知られていた。その名声は遠く海外に及び、多くの政治家や俳優、音楽家を虜にしたという。和食の雄としての天ぷらの名を高めた店の一軒といえるだろう。

店は平成14年に東京駅前の丸ビルに移転。現在は3代目の橋井良彰さんと、2代目に学んだ野中孝之さんが味を守っている。

天政流天ぷらの特徴は、特製の油でさっぱりと軽めに揚げること。特に海老は〝天政サイズ〟と呼ばれる小ぶりの車海老（才《さい》巻《まき》海老）を使うのが持ち味だ。海老の身のぷりぷりした食感を生かす揚げ加減は、まさに名人芸。オーソドックスなコースのほか、白子の雑炊など旬の味を工夫した料理が並ぶ季節のコースも評判がいい。

絶妙のタイミングで出される揚げたての天ぷらをいただきながら、高層階から見下ろす都心の眺めに目を和ませるのもこの店ならではの贅沢だろう。

広域地図 P.238

その軽やかさで絶賛された
名人の天ぷらを受け継ぐ

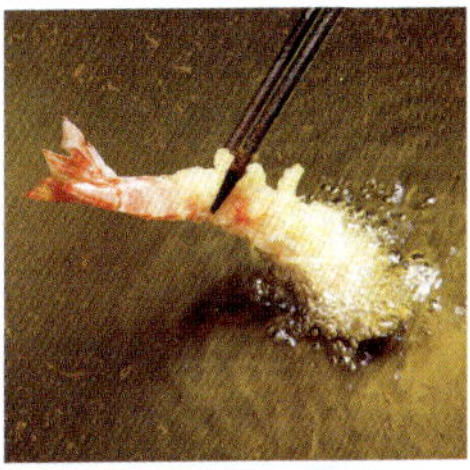

上）〝天政サイズ〟と呼ばれる才巻海老は小ぶりで身が締まっている　中右）初心を忘れないよう猿楽町時代の看板を掲げている　中左）薄い衣にくぐらせてカラリと揚げる　下右）窓の外に都心の景色が広がるカウンター席　下左）才巻海老、小柱、三つ葉を揚げる上品なかきあげも名物

おしながき

〈昼のコース〉

天バラちらし重(平日のみ)……3780円
梅……4320円
竹……7560円
松……1万8000円
季節のコース……8640円

〈夜のコース〉

梅……9180円
竹……1万4580円
季節のコース……1万7280円
おまかせ……1万9440円

※サービス料・個室使用料各10%別

お座敷天麩羅 天政

おざしきてんぷら てんまさ

✆ 03-5220-3170

住 千代田区丸の内2-4-1 丸ビル35F
交 JR 東京駅丸の内南口から徒歩2分
営 11時～14時（LO）、17時～21時（LO）　休 丸ビル休業日（年数回）　喫 個室のみ可　個 あり
予算 昼4500円～　夜9200円～

特選おまかせ天ぷらコースから車海老、めごち、穴子など

内外の企業家に愛された

菊亭（きくてい）

昭和26年に丸の内の旧日本倶楽部ビルで創業。アラビア石油の創設者・山下太郎のアドバイスを受け、また、店名は元総理大臣・幣原喜重郎が付けたという名門。多くの政治家に愛されたが、昭和39年に三菱電機ビル内に移り、以来43年間は企業家御用達の店として親しまれた。

平成17年に再開発に伴い東京駅前の東京ビルＴＯＫＩＡへ移転。丸の内南口からすぐという立地も手伝って、国内外の観光客や家族連れが訪れるようになり、客層は変わった。だが、素材も調味料も厳選し、さつま揚げ、銀鱈《ぎんだら》西京焼など（季節により鰆《さわら》に変わることも）一品料理もほとんどを手作りするという、味に妥協しない姿勢はそのままだ。

天ぷらコースのほか、巨大なかき揚げがのった人気のかき揚げ重、天重など料理はボリュームがあってしかも値段はけっして高くない。女将・船越京子さんの人柄ゆえか、肩肘張らずにくつろげる店内の雰囲気もいい。

広域地図 P.257

丸の内の名店の天ぷらは
味は上質、量と値段は庶民的

上）芝海老たっぷりが入ったかき揚げが器からはみ出すかき揚げ重。熱烈なファンが多い自慢の品

上）天ぷらと並んで人気の刺身は産地直送で鮮度抜群。写真は天然ぶりと紋甲いか　左）一品料理にも妥協はない。手前は自家製の西京味噌に漬けた銀鱈西京焼。奥はすり身にするところから手作りのさつま揚げ

上）天井が高く開放感がある店内は、テーブル席とカウンター席に分かれている

おしながき

並天重	972円
上天重	1080円
野菜天重	1080円
特天重	2160円
穴子天重	1944円
かき揚げ重	1620円
江戸前天ぷらコース(ランチ)	2700円
特選ビジネスランチ	3780円
旬菜天ぷらコース	4320円
特選おまかせ天ぷらコース	6480円
自家製さつま揚げ	756円
銀鱈西京焼	1026円

菊亭《きくてい》

✆ 03-3212-7891

住 千代田区丸の内2-7-3 東京ビル TOKIA B1F
交 JR東京駅丸の内南口から徒歩2分
営 11時～15時、17時～21時30分（LO）（土・日曜、祝日は21時LO）　休 第1日曜　喫 不可　個 半個室あり　予算 昼1080円～ 夜4320円～

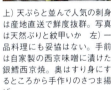

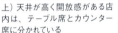

てんぷら定食から活巻海老、きす、アスパラガスなど。粟国の塩(右手前)も味わい深い

薄い衣が軽やか

てんぷらと和食 山の上

（てんぷらとわしょく やまのうえ）

締め切りに間に合わせるため出版社が作家を「缶詰」にすることで知られる山の上ホテルの中にある。作家たちはおのずとホテル併設の飲食店で食事をとることが多かったが、なかでもここを常宿としていた池波正太郎は「山の上」を愛用し、朝食用に小鉢料理を提案したりしたという。

そうした舌の肥えた客を満足させるべく、素材を選りすぐり、よりおいしい料理を出せるよう店のスタッフも研鑽を積んだ。歴代の料理長だった近藤文夫さん（１２４頁参照）や深町正男さん（１１０頁参照）のその後の活躍を見れば、作家たちの目や舌が「山の上」の味を育ててきたことがわかる。

現在の鈴木信夫料理長の技術にも定評がある。油温や揚げ時間、食事の進み具合などすべてを緻密に計算しながら、寡黙に丁寧に揚げてゆく。太白《たいはく》をブレンドした胡麻油は香り高く、油替えも頻繁なため仕上がりはじつに軽やか。そら豆やとうもろこしなど旬の素材を使うかき揚げを楽しみに訪れる人も多い。

広域地図 P.239

食通の作家に育てられた伝統を守り天ぷら名人を輩出する店

左）魚介はもとより野菜もふんだんに使う。こごみ、たらの芽、ふきのとう…季節を先取りする味、旬の味とさまざま
下）大振りの大正海老、きす、芝海老のかき揚げがのった天丼

下右）店はホテル本館の1階にある。清潔感のある落ち着いた店内は居心地がいい　下左）カウンターの後ろにある作り付けの「氷の冷蔵庫」。素材の乾燥を防ぎ鮮度を保つのに最適だそうだ

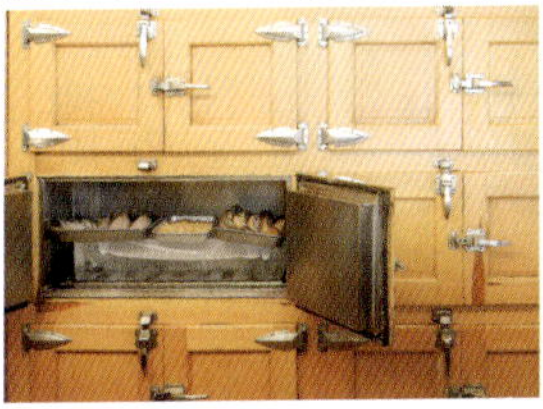

おしながき

〈昼〉

てんぷら定食(イ)の一……………5500円〜
てんぷら定食(イ)の二……………5500円
てんぷら定食(ロ)……………………7500円
てんぷら定食(ハ)の一………………1万円
てんぷら定食(ハ)の二………1万2000円
天丼各種……………………………2800円〜

〈夜〉

天ぷら定食(No.1)…………1万1000円
天ぷら定食(No.2)(No.3)…1万4000円
特選天ぷら定食……………1万8000円
和食とてんぷらの定食
…(竹)1万5500円・(松)2万2000円
※サービス料10%別

てんぷらと和食 山の上

てんぷらとわしょく やまのうえ

✆ 03-3293-2311(代)

住 千代田区神田駿河台1-1 山の上ホテル本館1F
交 JR御茶ノ水駅御茶ノ水橋口から徒歩4分
営 11時〜15時、17時〜21時（LO）（土・日曜・祝日は15時〜）　休 無休　喫 不可　個 あり
予算 昼2800円〜 夜1万1000円〜

海老、きす、穴子、めごちなど江戸前のタネを揚げる天ぷら定食(写真は松)

タネも揚げ方も江戸前

神田 はちまき

（かんだ はちまき）

神田古書店街の1本南側のすずらん通りにあって、昔ながらの面影を残す構えが目を引く店。昭和6年（１９３１）に神田富山町《とみやまちょう》で開業し、戦後、この場所に移ってきた。戦災を免れた建物を改装を重ねながら大切に使いつづけており、どっしりとした造りの店内には風格が漂う。

初代の青木寅吉さんが東京作家クラブを後援していたことから、昭和20年代には毎月この店で会合が開かれ、多くの作家が訪れた。店の壁に貼られた当時の写真や、江戸川乱歩、戸川貞雄ら錚々《そうそう》たる名前の見える色紙が往時を物語っている。

店を切り盛りするのは2代目の文雄さん、邦子さん夫婦。油は白絞《しらしめ》と胡麻を7対3で使う。衣をたっぷりつけて揚げる天ぷらは色が濃く、甘からず辛からずの天つゆがよく染みてご飯に合う。きす、穴子、めごち、青柳など、築地で求める食材は江戸前が中心。定食も天丼もボリュームがあって値段は手ごろなところも、サラリーマンや学生の多い下町の店らしい。

広域地図 P.239

本の街・神保町で70年
作家に愛された気さくな店

上）小海老と貝柱、三つ葉を揚げたかき揚げ天丼。さくさくと歯ざわりがいい　右）常連に人気の穴子の天ぷら。写真は1匹付けの単品

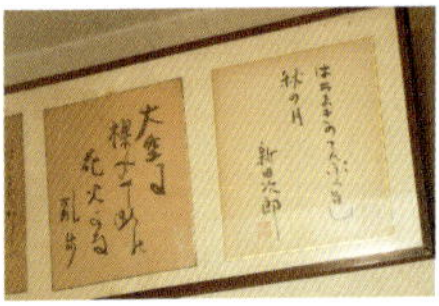

上）明るく清潔な店内　右）江戸前の天ぷらにこだわる店主の青木文雄さん　左）壁には新田次郎や江戸川乱歩の色紙が飾られている

おしながき

天丼	800～1000円
海老天丼	1000～1300円
穴子海老天丼	1400～1500円
松天婦羅重	1900円
天婦羅定食	1000～2000円
すずらんコース	3500円
はちまきコース	5000円
天ぷらの盛り合わせ	1300円
かき揚げ天ぷら	1000円
きす天ぷら	600円
刺身	700円～
ビール(中瓶)	500円
日本酒(1合)	700円～

神田 はちまき
かんだ はちまき

☎ 03-3291-6222
住 千代田区神田神保町1-19
交 地下鉄神保町駅 A7出口から徒歩3分
営 11時～21時（LO）（土・日曜・祝日は11時30分～20時 LO）　休 無休　喫 昼は不可、夜は分煙　個 あり　予算 昼800円～ 夜1000円～

穴子、あわび、帆立、アスパラガスを揚げた天ぷら盛り合わせ。奥は刺身盛り合わせ

店内の書が落ち着きを添える

天ぷら 魚新

（てんぷら うおしん）

中央通りと永代通りが交差する日本橋交差点の角に建つコレド日本橋は、日本橋再開発の先陣を切った複合ビル。その4階に店を構える魚新のルーツは、明治23年（１８９０）に赤坂で創業した鮮魚店までさかのぼる。昭和54年に六本木で天ぷら屋を始め、現在地には平成16年春に移った。

魚屋時代のルートを生かし、かつ長年にわたって培われた確かな目で仕入れる魚介類は選りすぐりの一級品ばかり。それらを揚げる職人の卓抜な技が、天ぷらの風味をさらに増している。

油は胡麻油にコーンサラダ油をブレンドして使用。自分で塩をかけて天ダネの旨みを引き出して食べる天ばらは昼も夜も人気の一品だ。ほかにも鮮度のいい刺身をはじめ酒の肴に格好の料理がいろいろ揃っている。

装飾を排し、すっきりとまとめた店内で目を引くのが、「一期一会」「余情残心《よじょうざんしん》」などと書かれた数々の書。いずれも山水画家・飯田東蘺《とうり》氏の直筆だ。

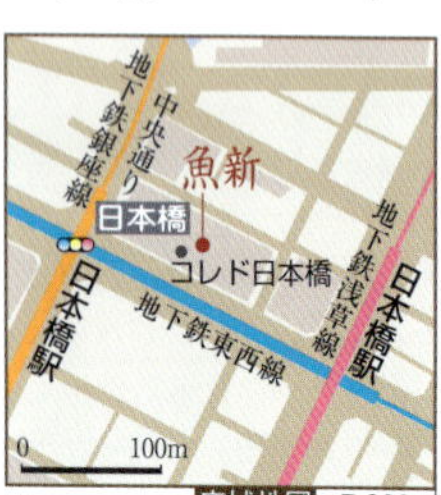

広域地図 P.238

素材を見極める目の確かさは
魚屋を前身とする店ならでは

上）刺身盛り合わせは季節によって内容が変わる。写真はいか、あわびなど

上右）芝海老や小柱、いかげそなどをのせた天ばら。昼夜ともにコース料理の食事は、天茶、天ばら、天丼から選べる　上左）お座敷天ぷらの和室は貸し切りもできる　左）カウンターの前の壁に掛かる書

おしながき

穴子天丼(昼のみ) ･････････････ 1600円
天ぷら定食(同) ･･････････････ 1800円
特製天丼(同) ････････････････ 1700円
かき揚げ天丼・天ばら(同) ････ 各1900円
野菜天丼(同・平日限定) ･･･････ 1080円
天ぷらコース
･･･････････ 昼3000円～5000円、
夜4000円～7800円
天ぷら盛り合わせ ･･･････････ 3000円～
海老みそ ･･････････････････････ 500円
刺身盛り合わせ ･････････････ 1500円～
日本酒(1合) ･･･････････ 735～1050円

天ぷら《てんぷら》 魚新《うおしん》

✆ 03-5205-7661

【住】中央区日本橋1-4-1 コレド日本橋4F
【交】地下鉄日本橋駅B12出口からすぐ
【営】11時～14時30分(LO)、17時～22時(LO)(日曜、祝日は21時LO)【休】無休　【喫】可(分煙)　【個】あり
【予算】昼1600円～ 夜4000円～

夜のてんぷら定食。タネはめごち、きす、季節の野菜など。天ばら(右)は天丼または天茶に変えられる

生うにの天ぷらが味わえる

京橋てんぷら 深町

(きょうばしてんぷら ふかまち)

店主の深町正男さんは、神田駿河台の山の上ホテルを退職後、平成14年に念願の天ぷら店を開業した。「高校を卒業してすぐに就職しましたので、山の上ホテルには35年間お世話になりました」と感慨深げに語る深町さんが料理長を務めた「山の上」は、池波正太郎の作品などにたびたび登場し、また優れた料理人を輩出してきた天ぷらの名門だ。

店は地下鉄京橋駅と宝町駅のほぼ中間、裏通りに建つ鉄筋7階建てのマンションの1階にある。昼のメニューは天丼と各種定食の4種類。生うに、はまぐり、ふぐの白子など、店主自慢の天ぷらを味わうには夜に訪れなくてはならない。うには北海道、はまぐりは茨城の鹿島、ふぐは下関と産地にこだわり、毎朝、自ら築地に出向いて新鮮なものを仕入れてくる。

生の胡麻を搾った太白《たいはく》胡麻油で揚げる天ぷらの衣は薄く、タネの味が際立ちながらも軽やかで上品な味わいだ。席数が15と少ないため夜は予約したほうがよい。

広域地図 P.256

天ぷらの名門として知られる
山の上ホテルの味を受け継ぐ

上）天ぷらひとすじ40年の深町正男さん　左）11月中旬～3月上旬限定のふぐの白子はとろりとして滋味豊か。日本酒によく合う
下右）磯の香りが濃厚な生うに（左）は一年中食べられる。大きなはまぐり（右）は11月～4月限定
下左）店内は11席のカウンターが中心

おしながき

〈昼〉
特製かき揚げ天丼……………2800円
野菜定食………………………7000円
てんぷら定食‥ №1＝7000円・№2＝9000円
〈夜〉
てんぷら定食……………1万2000円
てんぷら定食刺身付き……1万4000円
おまかせてんぷら…………1万7000円
日本酒（1合）…………………1000円

京橋てんぷら 深町《きょうばしてんぷら ふかまち》

✆ 03-5250-8777

住 中央区京橋2-5-2 A・M京橋ビル1F
交 地下鉄京橋駅A6出口から徒歩1分　営 11時30分～13時30分、17時～20時30分（LO）（土・日曜、祝日は12時～14時、17時～20時30分LO）　休 月曜・第1・3日曜
喫 不可　個 なし　予算 昼2800円～ 夜1万2000円～

夜のアラカルトからウニ2700円とエビ1296円。中心部がレア状のウニが旨いる

天ぷらとすしで和食の真髄を食す

すし天ぷら　あき

(すしてんぷら あき)

昭和45年、当主の瀬高明雄《せたかあきお》さんが本郷に「あき寿し」を開いたのが始まり。水道橋に移転後、平成20年10月に水天宮《すいてんぐう》に隣り合う現在地に新装オープンした。

知らないとなかなか見つけづらい入口から地下へ階段を下りるとすしカウンター、さらに飛び石を数段下りたところに天ぷらカウンターと個室という、限られた空間を有効に使った造りが印象的だ。木と和紙をふんだんに使った和モダンでスタイリッシュな内装も大人の隠れ家という言葉がぴったり当てはまる。

天ぷらカウンターで腕を振るうのはベテランの藤原正さん。客が口に入れる瞬間に素材の旨みがピークになるよう、時間とタイミングを見図りながら揚げる技は名人芸といっていい。

天然物にこだわって仕入れる魚介類がおすすめだが、なかでも生ウニを大葉に包んで揚げたウニの天ぷらはぜひ味わいたい。絶妙の火加減で甘味とコクが倍増され、口中でとろける濃厚な食感に思わず唸らせる。

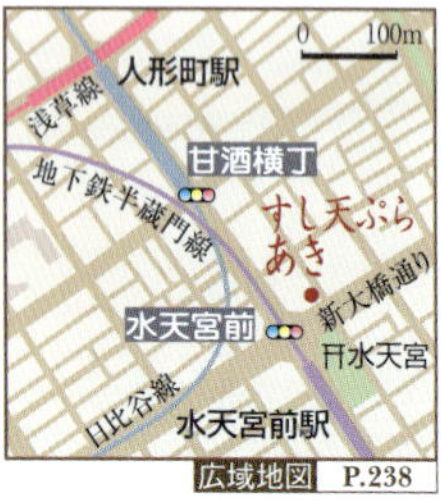

広域地図 P.238

和モダンで統一された
大人の隠れ家

上）2代目の瀬高伸光さんが握るすしも人気が高い　下左）コースの天ぷらの一例。空豆、レンコン、タラの芽、アスパラ、アオリイカ。宮古島の海水塩でいただく　下右）天ぷら料理長の藤原正さん

下左）シンプルな装飾で落ち着いた雰囲気の個室
下右）9人がけの天ぷらカウンター

おしながき

〈昼〉

天丼	1080円
天ぷら定食	1620円
すし天ぷらセット	2160円
すし・ちらし	各1080円
鉄火丼	1620円

〈夜〉

天ぷらコース	8640円～
「あき」コース いちばん	8640円
「あき」コース にばん	1万800円
「あき」コース さんばん	1万2960円

すし 天ぷら あき

すし てんぷら あき

☎ 03-3662-5555

住 中央区日本橋人形町2-1-9 日本橋Tビル B1F
交 地下鉄水天宮前駅7出口から徒歩1分
営 11時30分～13時30分（材料がなくなり次第終了）、17時～22時　休 日曜、祝日　喫 夜の個室のみ可　個 あり　予算 昼1080円～　夜1万円～

かえでコースから、しいたけ、アスパラガス、ふきのとう、なす。食前酒はアンズ酒

油の鮮度にこだわる

天ぷら すず航

（てんぷら すずこう）

「30年かかりましたが、やっと自分の店がもてました」と話す店主の鈴木晴也さんは、高校卒業後和食を勉強し、その後、丸ビル内にある「天政」で天ぷらの修業に励み、平成17年秋に独立した。道に面して葭簀《よしず》を下ろした粋な外観の店内には、9人がけの半楕円のカウンターと、掘りごたつ式の個室がある。

かつては昼も営業していたが現在は夜のみで、品書きはコースが中心。天つゆとともに添えられる塩はこの店の自慢だ。水に浸した沖縄産の海塩を水分がなくなるまで炒ってからあたり鉢ですり、さらに裏漉しする。こうした手間をかけることで塩の角が取れ、甘みが増すという。きめの細かい塩はなるほど口当たりがいい。油をこまめに交換しながら揚げる天ぷらは、薄い衣に包まれてふっくら、ほんのり胡麻が香る。

店名の「すず航」には、〝荒波にもまれて航海する船〟のようにどんな困難にも打ち勝ってゆきたいという、鈴木さんの初心が込められている。今、鈴木丸は順風に乗って航海中だ。

広域地図 P.256

コース料理をゆっくり味わい 食後は人気の芋あいすも

左）かつてランチの人気メニューだったかき揚げ丼。丼ではなくなったものの、夜のかき揚げとして今も人気　下右）カウンターの揚げ場に立つ店主の鈴木晴也さん　下左）シックな色合いにまとめた掘りごたつ式の個室

右）薄い衣をつけて揚げたさつま芋にバニラアイスをのせた芋あいす　左）店内はカウンター席がメイン

おしながき

竹コース	5821円	かえでコース	1万2236円
松コース	7484円	もみじコース	1万2949円
つばきコース	8195円	らんコース	1万7701円

天ぷら すず航《てんぷら すずこう》

✆ 03-3666-3336

住 中央区日本橋茅場町2-1-14
交 地下鉄茅場町駅6または12出口から徒歩2分
営 18時〜20時30分（LO）　休 土・日曜、祝日
喫 不可　個 あり　予算 6000円〜

海老、きす、すみいかなど9品ほどを順番に出してくれる定食の竹

路地裏にある小さな名店

てんぷら みかわ

（てんぷら みかわ）

店主の早乙女哲哉さんは、15歳のときに栃木から東京へ出てきた。「すし屋に勤めることになっていたんだけど、すし屋に行く前に天ぷら屋で食事をしたら、おやじが代金をとらないんだよ」。主人に説得され、そのまま天ぷら屋で働くことになり、この道へ。そして、14年の修業ののち29歳で独立した。

店は8名座れるカウンターとテーブル3卓の小上がりで構成。「料理の腕の良し悪しは水分調節ができるかどうか。こなせる人が料理人ですよ」。多くの食通を唸らせる名人の揚げる天ぷらは、長年の経験と努力の結果が凝縮されている。器は、師であり知己であった故浅野陽《あきら》氏の作品を惜しげもなく使う。

『天ぷら道楽』『名人の仕事』などの著書があり、エッセイも手掛ける早乙女さんは書道も達者。壁に貼られた品書きには個性的な文字が躍っている。現在哲哉さんは門前仲町に開いた「みかわ是《ぜ》山居《ざんきょ》」に移り、店は息子の具視さんが守る。

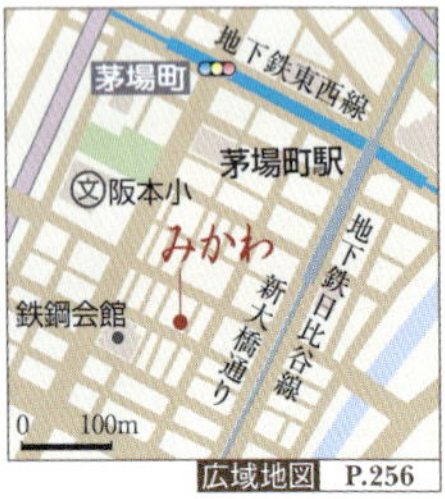

広域地図 P.256

多才な主人が作り上げた小宇宙で
極上の天ぷらを味わう

左）車海老やすみいか、貝柱のかき揚げをのせた上天丼はボリューム満点。赤だしとお新香がつく　中右）店主の早乙女哲哉さん。仕事を離れた素顔はダンディー　中左）個性的な文字で書かれた品書き　下右）つやのある一枚板のカウンター席　下左）徳利と猪口も有名作家の作品だ

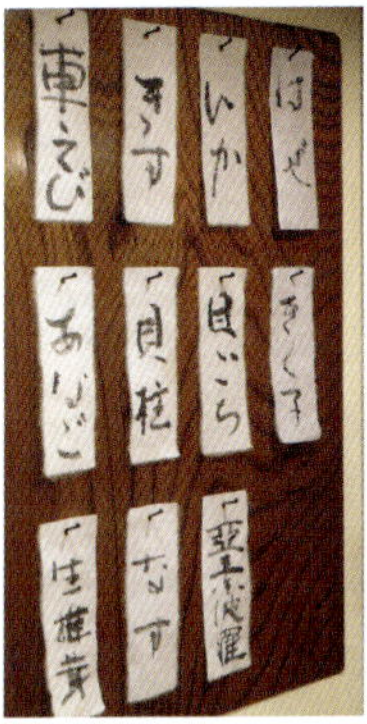

おしながき

天ぷら定食(平日昼のみ)	1200円	定食	松6000円・竹7600円
天丼(同)	1200円	みはからい	1万円～
上天丼(土・日曜昼のみ)	3000円		

てんぷら みかわ

てんぷら みかわ

✆ 03-3664-9843

住 中央区日本橋茅場町3-4-7
交 地下鉄茅場町駅2出口から徒歩2分
営 11時30分～13時30分、17時～21時30分（日曜・祝日は12時～13時30分、17時～21時）　休 水曜
喫 不可　個 なし　予算 昼1200円～ 夜1万円～

めごち、海老など10種類ほどの天ぷらに刺身、ふぐのにこごり、生野菜、天茶がつく天ぷらコース

店内にジャズが流れる

天ぷら つじ村

（てんぷら つじむら）

ホテルオークラの「和食堂 山里」の天ぷらカウンターで28年間、腕を振るった辻村利彦さんが平成2年に開いた店。辻村さんの右腕として働くのは、同じホテルオークラ出身の横手宏紀さん。横手さんは辻村さんに腕を見込まれ、平成16年に2代目としてこの店に入った。

天ぷらは季節感を大切に、旬の食材を太白胡麻油と大豆の白《しら》絞《しめ》油をブレンドした油でカラッと揚げる。食感もよく、ほのかな胡麻の香りが口中にさわやかに広がる。天つゆで味わうほか、ピンク色をした、味のまろやかなパキスタンの天然岩塩もおすすめだ。

壁の一角から店内を見つめるのは、名ジャズトランペッター、ルイ・アームストロングの若かりしころの写真。これは60年ほど前、当時浅草にあった国際劇場で開かれた演奏会のプログラムで、アームストロングの直筆サイン入り。店内には彼を偲ぶかのように、静かにジャズが流れている。

広域地図 P.238

初代も2代目もホテルオークラの出身

上）海老、穴子、きすなどをのせた昼の天丼　左）ふぐのにこごりと店主おすすめの日本酒「大山」

上）店を切り盛りする横手宏紀さん　左）壁に掛かるルイ・アームストロングの写真　右）店内はカウンターのほか２名がけのテーブル席が３卓ある

おしながき

- 特選定食(昼のみ)…………2400円
- 天丼…………2700円・上3400円
- 海老天丼…………2300円・上3400円
- 穴子天丼…………2700円
- かき揚げ天丼…………2900円
- 天ぷら定食……雪3900円・月4500円
- 天ぷら…………1500円～
- 天ぷらコース(夜のみ)…………6700円
- 日本酒「八重寿」(本醸造・1合)…700円
- 日本酒「大山」(本醸造生酒・1合)…………800円

天ぷら　つじ村

てんぷら　つじむら

✆ 03-3666-3419

住 中央区日本橋箱崎町27-5
交 地下鉄水天宮前駅2出口から徒歩2分
営 11時30分～13時30分、17時30分～20時30分（土曜は昼のみ）　休 日曜、祝日　喫 不可　個 なし
予算 昼2300円～ 夜3900円～

天麩羅御飯(特)から、滋味あふれるあわびの天ぷら。単品でも注文できる

明治18年創業の名店

てん茂

（てんも）

てん茂の初代・奥田茂《も》三郎《さぶろう》氏は、明治18年（1885）に屋台の天ぷら屋から身を起こし、同40年に店を構えた。現在の建物は昭和22年築の木造3階建て。店舗がある1階は、天井板のない小屋組の造りで、縦横に渡された丸太の梁がダイナミックだ。那智黒《なちぐろ》の小石を敷きつめた床、抑えた照明もほのぼのとして、くつろいだ気分になれる。

胡麻油だけで揚げる色の黒い天ぷらも創業当時から変わらない。旬の魚介や野菜類のほか、5～6月には柿の葉、秋には渋皮付きの栗や柿の皮など、珍しくも味わい豊かなタネが登場するのも楽しみだ。乳鉢《にゅうばち》であたったきめ細かな塩はまろやかで、素材の持ち味を引き立てる。

馴染み客には歌舞伎役者や財界人が多く、昭和27年ごろから約40年間、毎年6～7回ほど首相官邸へ出張して天ぷらを揚げたそうだ。品書きは昼3種類、夜2種類の「天麩羅御飯」のみ（土曜の夜は前日までに要予約）。

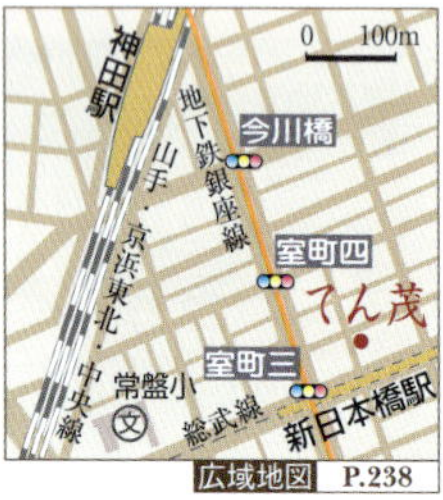

広域地図 P.238

屋台から始まり
130年以上も暖簾を守る老舗

上右）丸太の梁が見える店内は趣がある　上左）　店内に飾られた七代目尾上梅幸直筆の梅の絵　上左下）店内の一角には囲炉裏が切られている　右）夜の天麩羅御飯（Aまたは特）から、穴子、きす、海老、かき揚げなど

おしながき

天麩羅御飯（昼の部）……‥B6480円・A9720円・特1万2960円
天麩羅御飯（夜の部）……………A9720円・特1万2960円
日本酒「キンシ正宗」（超特撰・1合）……………972円
日本酒「武勇」（純米吟醸冷酒・300ml）……………1944円

てん茂《てんも》

✆ 03-3241-7035

住 中央区日本橋本町4-1-3
交 JR新日本橋駅4出口から徒歩1分
営 12時～14時、17時～20時（土曜夜は19時まで）
休 日曜と8月の土曜、祝日　喫 不可　個 なし
予算 昼6480円～ 夜9720円～

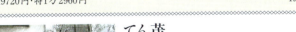

タネは季節で変わる。写真は夜の雪コースから、そら豆、ぎんなん、きす

店主の理想を形にした店

天朝

（てんあさ）

首都高速環状線京橋入口の近く、新富橋のたもとに建つセントラルビルの1階にある。このあたりは銀座の東端に位置し、小さな公園も残る静かなところだ。席はカウンター10席のみ。天丼以外は、定食もコースも揚げたてを一品ずつ出す。「父が、かつて御徒町で天ぷら屋を開いていて、私も手伝っていたんですが、どうしても自分の理想とする店が持ちたくて」と、店主の藤田浩人さん。ある料理研究家に4年ほど師事し、父親から天ぷらの薫陶を受け、平成12年に念願の店を開いた。

その信念を貫くため、毎朝自ら築地へ足を運び、仕入れた素材を手間暇かけて下ごしらえする。日本料理の心得から器にも気を配っており、陶器はすべて三重県津の廣永窯《ひろながかま》を受け継ぐ陶芸家・坪島土平《つぼしまどへい》さんに依頼した特注品だ。

櫛引きの塗り壁、ブビンガという南洋産の無垢材を使ったカウンターなど、味もさることながら、居心地を大切にする藤田さんのこだわりが店内のあちこちに見て取れる。

広域地図 P.256

植え込みを眺めるカウンターで揚げたてを一品ずついただく

上）雪コースから海老、むかご、わかさぎ、くわい。手前は自家製サラダ。さらにかき揚げが出たあとは、天丼、天茶、白飯のいずれかで締めくくる。器にも注目　左）目印はビルの壁面に架かるこの小さな看板　下右）大きな窓の向こうの緑が目に優しい　下左）店主の藤田浩人さん

おしながき

〈昼〉		〈夜〉	
天丼	1850円	月コース	7020円
天ぷら定食	梅2160円	雪コース	8100円
天ぷら定食	竹2700円		
天ぷら定食	松3150円		

天朝

てんあさ

✆ 03-3564-2833

住 中央区銀座1-27-8 セントラルビル1F
交 地下鉄新富町駅2出口から徒歩5分
営 11時30分～14時、18時～21時30分　休 日曜、祝日・第2月曜　喫 可（場合により不可）　個 なし
予算 昼1850円～ 夜7500円～

客が名付けたというニンジンの花火。言い得て妙だ

オリジナル天ぷらが魅力

てんぷら 近藤

（てんぷら こんどう）

池波正太郎の『銀座日記（全）』（平成3年刊）の中に「ここの調理主任の近藤文夫君は、まだ二十代のはじめに、このホテルの天ぷらを、ほとんど独学で揚げはじめ、苦労を重ねて今日に至った」という記述がある。〝近藤文夫君〟とはてんぷら近藤の店主、〝このホテル〟とは神田駿河台の山の上ホテルのことだ。

近藤さんは25年間、山の上ホテルの「山の上」に勤め、人気のなかった天ぷら部門を名門にまでおしあげた立役者。「そういえば料理を勉強する傍ら、セールスにもよく出かけましたよ」と、苦労の多かった時代を回想する。屋号の「近藤」の文字は、池波正太郎から届いた直筆の手紙の宛名から起こした。今も近藤さんの心の中には池波正太郎が生き続けているという。

天ぷらはオリジナルの単品が楽しい。なかでもニンジンの花火は、味良し見た目良しの絶品だ。衣の薄さ、にんじんの持ち味を生かした揚げ具合などすべてに卓越した技が光る。

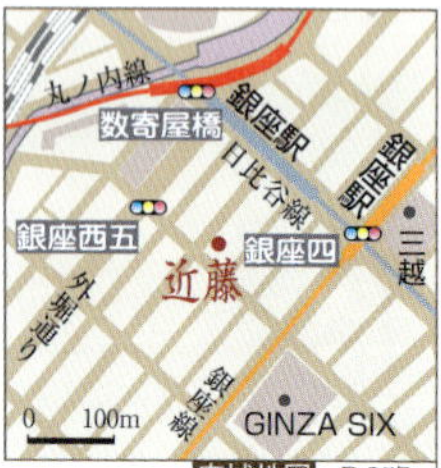

広域地図 P.257

池波正太郎に愛された「山の上」元料理長の店

上）千葉県香取産の紅東を使った芋の天ぷら。迫力のある大きさ　右）夜の楓コースの一部。季節を先取りした味が楽しめる。写真は春のメニューで、奥の皿がふきのとう、百合根、たらの芽、手前の皿はめごち、しらうお、はまぐり　下）席は檜の無垢材を用いたカウンターのみ。奥にもう一つカウンターがある

おしながき

菫コース(昼のみ)	6500円
椿コース(同)	8500円
藤コース(夜のみ)	1万1000円
楓コース(同)	1万4000円
蓬コース(同)	1万8000円
ニンジンの花火	864円
小鉢(夜のみ)	1260円～
刺身(同)	4725円～
お好み天ぷら・おまかせ天ぷら	各時価

てんぷら 近藤

てんぷら こんどう

✆ 03-5568-0923

住 中央区銀座5-5-13 坂口ビル9F
交 地下鉄銀座駅 B5出口から徒歩2分
営 12時～13時30分（LO）、17時～20時30分（LO）
休 日曜、祝日の月曜　喫 不可　個 なし
予算 昼6500円～ 夜1万1000円～

昼のお薦めランチ。海老、魚介など天ぷら7品にお造り、ご飯セットがつく

各階で雰囲気が異なる

ハゲ天 銀座本店

（はげてん ぎんざほんてん）

大正時代に上野で旅館を営んでいた渡辺徳之治さん夫婦は関東大震災を機に転身、昭和3年（1928）、九段に天ぷら屋を開いた。当初の屋号は「たから」といったが、初代の風貌から「ハゲの天ぷら屋」と呼び親しまれ、2年後、銀座へ移った際に現在の店名に改めたそうだ。以来80年、創業以来の「良い物を皆様に楽しんで頂ける値段で」の伝統を守り、今や「天ぷらの全て」を掲げ、全国に約40店舗を展開するまでになった。「モットーは揚げたてを一つひとつお届けする、です」と2代目の亘さん。胡麻油8、綿実《めんじつ》油2の割合で配合した油で揚げる天ぷらの歯応えは軽く、タネの旨みが堪能できる。

店はガス燈通りに建つ鉄筋4階建て。1階はテーブル席、2階は椅子席の個室、3階は宴会個室、4階はお座敷カウンターと各階で雰囲気は異なり、品書きも別立てだ。なかでも京都・智積院《ちしゃくいん》所蔵の国宝の襖絵を模写した、豪華絢爛な『桜図』が壁を飾る1階は、凛とした気品にあふれている。

広域地図 P.257

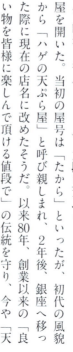

昭和3年に九段で始めて90年
今や全国展開する有名店に

左）ボリューム満点の天ぷら9品にお刺身盛り合わせなどがつくデラックスこーす　中右）天ぷら10品に旬の小鉢など、季節の味を堪能できる旬こーす　中左）爽やかランチ　下右）4階では目の前で揚げるお座敷天ぷらが味わえる　下左）襖絵が豪華な1階のテーブル席

おしながき

〈昼〉
大海老天丼 ……………… 1512円
爽やかランチ ……………… 1543円
プレミアムランチ ……………… 2057円
お薦めランチ ……………… 2570円

〈夜〉
ハゲ天特別こーす ……………… 3086円
旬こーす ……………… 4114円
スタンダードこーす ……………… 2570円
レディース夢こーす ……………… 2570円
デラックスこーす(要予約) …… 4937円

ハゲ天 銀座本店

はげてん ぎんざほんてん

✆ 03-3561-1668

住 中央区銀座3-4-6
交 地下鉄銀座駅B1出口から徒歩3分
営 11時～22時　休 無休
喫 可（禁煙席あり）　個 あり
予算 昼1500円～ 夜3000円～

天麩羅「松」から盛り合わせの一例。才巻海老２本、甘長唐辛子、ナス、カボチャ、アナゴ、小柱

30年の経験と技を味わう

てんぷら 阿部本店

（てんぷら　あべほんてん）

180年以上にわたって日本料理界を牽引し、折々に世界のVIPをもてなしてきた名店中の名店「なだ万」。そこで30年にわたり、天ぷら一筋に腕を磨いてきたベテラン料理人・阿部三郎さんが独立して開いた店。ともにシェラトン・グランデ・トーキョーベイ店で仕事をした奥村仁さん、小林和靖さんとともにこの本店と銀座8丁目店の2店舗を切り盛りしている。

食材は、なだ万時代から付き合いのある築地の仲買業者のほか、当日の朝に水揚げされて空輪で届くとびきり新鮮な活き締め魚介類を主に使用。グルテンの発生を抑えるきめの細かい小麦粉、良質の綿の実から作られた一番搾り国産綿実油《めんじつゆ》と太白胡《たいはくご》麻油《まあぶら》の生搾りを7対3でブレンドした揚げ油など、すべてに妥協を許さない仕事ぶりには、なだ万で培われた腕と経験が遺憾なく発揮されている。

ぜひ味わいたいのが茨城鹿島沖でとれる、6~7年物の大地《おおじ》蛤《はまぐり》。肉厚な身の磯の香りを含んだ甘みがたまらない。

広域地図　P.257

なだ万出身のプライドが妥協のない仕事を生む

上）鹿島沖でとれる大地蛤800円。絶妙の火加減で中身はレアに　下左）紀州南高梅の梅干しを番茶で塩抜きし、中に栗の甘露煮を入れた名物。1個1000円　下右）副店長の小林和靖さん

下）カウンター12席とテーブル1卓だけなので予約がおすすめ

おしながき

〈昼〉		〈夜〉	
上天丼	1500円	天麩羅セット	3500円
天麩羅ランチ	1500円	天麩羅「松」	5000円
天麩羅膳	3000円	天麩羅「竹」	8000円
上かき揚げ丼	2500円	生ビール	550円〜
		日本酒「〆張鶴」純米吟醸（1合）	900円

てんぷら 阿部本店

てんぷら　あべほんてん

✆ 03-6228-6077

住 中央区銀座4-3-7 スバルビル B1F
交 地下鉄銀座駅 A10出口から徒歩1分
営 11時30分〜14時、17時〜20時30分（LO）
休 無休　喫 不可　個 なし
予算 昼1500円〜 夜7000円〜

穴子、車海老、たらの芽。いずれも単品で値段は時価。赤ワインとともに

VIPルームがある

銀座天一本店
（ぎんざてんいちほんてん）

銀座並木通りにある昭和5年（1930）創業の有名店。店内の壁に飾られた著名人の書や古写真などに、90年近い店の歴史を垣間見ることができる。

店舗は地下1階から2階までで、地下1階と1階はテーブル席とカウンター席、掘りごたつ式のお座敷カウンター。2階は元ソ連大統領のゴルバチョフ氏、元フランス大統領シラク氏らも訪れたという、一日1組限定のVIPルームになっている（要予約）。

店内にワインセラーを持ち、常時1200本を貯蔵するというのも天一ならでは。そのほとんどがフランス産だ。ソムリエに選んでもらい、揚げたての天ぷらを味わいながら、ワインのグラスを傾けたい。

胡麻油にサラダ油を少々加えた独自の油で揚げる天ぷらは油っこくなく、あと口もさっぱりしている。カレー粉に自分で好みの量の塩を混ぜるカレー塩がよく合う。

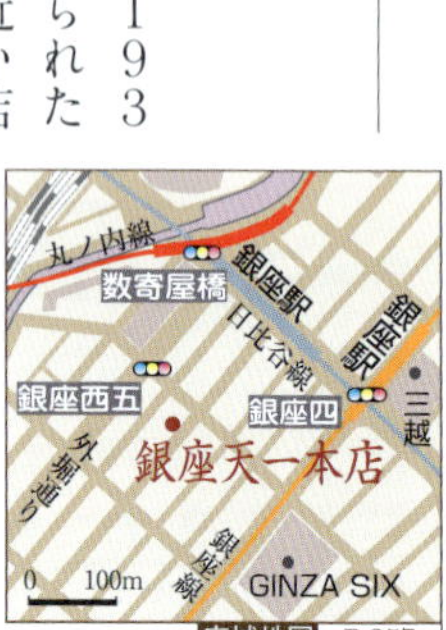

広域地図 P.257

揚げたての天ぷらを
ソムリエおすすめのワインとともに

上）車海老、穴子、たらばがに、しいたけ、アスパラガス等々、魚介はもちろん野菜も新鮮な旬のものばかりを使う　下右）地下1階のカウンター席　下左）画家・小杉放菴の書。店名のロゴはこれから起こした

下）1階のお座敷カウンターは掘りごたつ式

上）昭和34年、店が火事で焼けたときに徳富蘇峰から届いた見舞状　右）松をデザインした店内の照明にも風情がある

おしながき

〈昼〉16時まで
天丼……………………4860円
花……………………9180円
月……………………1万1880円
雪……………………1万4040円
〈夜〉16時から
蘭……………………1万1880円
梅……………………1万4040円
桜……………………1万7280円
葵・お刺身……………2万520円
天ぷら単品……………時価
ワイン（ハーフボトル）………3780円～
ワイン（フルボトル）…………6804円～

銀座天一本店《ぎんざてんいちほんてん》

✆ 03-3571-1949

住 中央区銀座6-6-5
交 地下鉄銀座駅 B6出口から徒歩2分
営 11時30分～19時（LO）（17時以降は予約したほうがよい）　休 無休　喫 不可（喫煙所あり）　個 なし
予算 昼5000円～ 夜1万2000円～

いかとむき海老のかき揚げにご飯、味噌汁、漬け物がつくかき揚げ定食は昼の人気メニュー

メニュー豊富でリーズナブル

つきじ天竹

（つきじてんたけ）

ふぐと天ぷらの二枚看板を掲げ、庶民的な雰囲気と値段の安さから広く親しまれている大型店。

三重県伊勢市から上京した初代・浜田竹松氏は大正10年（1921）、門前仲町《もんぜんなかちょう》に店を構え、自身の名前から一字をとって天竹と名付けた。昭和初期に歌舞伎座前に移り、現在地に腰を据えたのは昭和23年のこと。

「竹松は女房の祖父でして、店を持つ前は屋台で天ぷらを売っていたそうです。戦前は天ぷらと寿司の店でした。ふぐ料理は戦後からですが、メニューの中心は今も天ぷらです」と語るのは3代目の後藤武二さん。値段が安いからといって決して手は抜かず、毎朝、自らすぐ近くの築地へ出向き、生きた魚介とみずみずしい野菜を仕入れる。初代の味とこだわりを守りつづけており、天つゆの醤油とみりんの配合も昔のままだ。

店は隅田川に架かる勝鬨橋《かちどきばし》のたもとに建つ5階建て。気軽な椅子席のほか、宴会もできる座敷と個室がある。

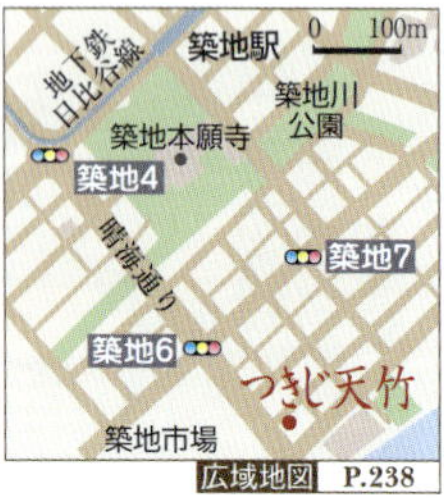

広域地図 P.238

店主自ら仕入れに出向き
創業当時からの味を守る

左）穴子天丼　下）ふぐ3個付きのふぐ天ぷら

上右）穴子天ぷら定食（昼のみ）　上左）天ぷら定食（昼のみ）は海老、白身魚、いかのかき揚げ　左）2階のテーブル席。昼は開店と同時に満席になることも多い

下）テーブル席の個室「梅の間」は10名までの貸し切り可

おしながき

かき揚げ定食(昼のみ)	750円	ふぐ天丼	1700円～
かき揚げ天丼	750円～	隅田コース	4575円
天ぷら定食(昼のみ)	1000円	築地コース	6190円
穴子天ぷら定食(同)	1400円	勝鬨コース	7620円
天丼	1000円～	天竹コース	1万2857円
穴子天丼	1400円～	日本酒「白鶴」ほか(1合)	797円
海老天丼	1550円～	ヒレ酒(1合)	815円

つきじ天竹
つきじてんたけ

✆ 03-3541-3881

住 中央区築地6-16-6
交 地下鉄築地駅1出口から徒歩7分
営 11時30分～22時　休 3月～10月の日曜
喫 不可（喫煙所あり）　個 あり（要予約）
予算 昼750円～ 夜コース4575円～

昼のコース料理からそら豆、さつま芋、いか。天つゆはなく、自家製の塩とレモン汁でいただく

一子相伝の油で揚げる

七丁目京星
（ななちょうめきょうぼし）

昭和2年（1927）「明星」の屋号で韓国で創業、同19年に帰国、京都・祇園《ぎおん》に店を構える。昭和27年に銀座に進出した際、創業時の住所から〝京〟と〝星〟をとって屋号を「京星」と改めた。

七丁目京星の名で銀座7丁目に支店をオープンしたのは昭和57年。このとき店を任されたのが3代目に当たる榊原茂弥さんだった。平成10年に本店は廃業、七丁目京星も屋号は変えずに銀座6丁目に移った。さらに平成19年10月からは銀座5丁目に移転。

一子相伝の油で揚げる天ぷらは、衣は軽く、香ばしい。薄い衣の中に素材の旨みが見事に凝縮されており、かつて美空ひばりをはじめ江利チエミ、大川橋蔵らが足しげく訪れたというのもうなずける。品書きは昼も夜もおまかせのコースが1種類のみ。昼は12品、夜は17品がいただける。日本酒のほかウイスキーやブランデー、ワインなど酒も豊富に揃う。

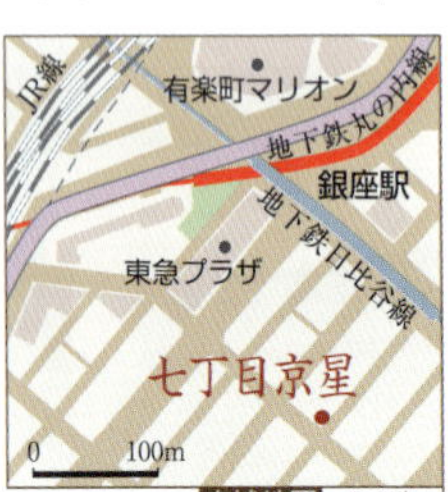

広域地図 P.257

メニューはおまかせのコースのみ
美空ひばりにも愛された至福の天ぷら

左）前菜の黒豆とあんきも。器も美しい

右）天ぷらを揚げる店主の榊原茂弥さん
下）店内はＬ字形のカウンター席のみ

おしながき

コース（昼）	3万3000円
コース（夜）	3万3000円

＊消費税別

七丁目京星《ななちょうめきょうぼし》

✆ 03-3572-3568

住 中央区銀座5-9-9 オージオ銀座ビル6F
交 地下鉄銀座駅 A5出口から徒歩2分
営 12時～14時、17時～21時　休 日曜、祝日（予約があればいずれも営業）　喫 不可
予算 昼3万3000円～ 夜3万3000円～

海老、蓮根、なす、いかのかき揚げなどがのった天丼Ａ

長い歴史を刻む銀座の名店

銀座天國本店

（ぎんざてんくにほんてん）

明治18年（１８８５）に小さな屋台から始めた銀座の老舗。現在地に移ったのは大正13年（１９２４）で、当時はまだ銀座という町名はなく、南八金町といった。近くの外堀に新橋が架かっていたことから「新橋天國」とも呼ばれていたという。昭和27年に建てられた瓦屋根の美しい数寄屋造りの店舗は長く親しまれたが、昭和59年に鉄筋8階建てのビルになった。

熟練の職人が揚げる天ぷらは、数時間ごとに油を替えるため香りがよく、季節によって粉の量を調整する衣の食感もいい。特に丼もののたれは、継ぎ足し継ぎ足ししながら初代の味が連綿と受け継がれており、天丼とかき揚げ丼は天國の伝統的なメニューとして定評を得ている。作家の池波正太郎はかき揚げ丼を、俳優の三橋達也は天丼をことのほか気に入っていたそうだ。

店舗は地階から3階までで、気軽に利用できるのが広々とした1階のテーブル席。地階にはカウンター席があり、2階と3階は個室も完備した宴会席だ。

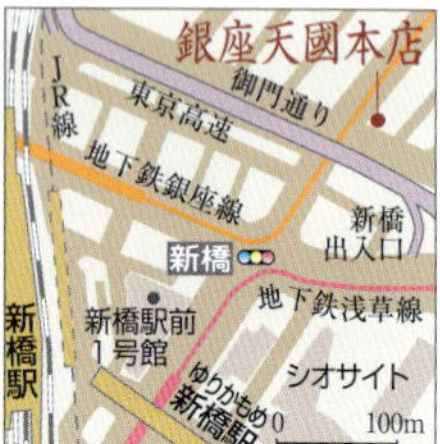

広域地図 P.257

庶民的なテーブル席で
初代の味を伝える天丼を

上）池波正太郎が好んだというかき揚げ丼　左）2階で食べられる5940円の会席コース彩。天ぷらのほか蒸し物や八寸など7品が並ぶ
下右）掘りごたつ式になった地階のお座敷カウンター　下中）揚げたてが食べられる地階のカウンター席　下左）1階のテーブル席は天井が高く、開放感がある

おしながき

お昼天丼(平日の17時まで)	1100円
お昼定食(同)	1400円
天丼	A1620円・B2268円・C3024円
精進丼	1836円
かき揚げ丼	3240円
天ぷら盛合せ・梅	1944円
天ぷら盛合せ・竹	2484円
天ぷら盛合せ・松	3024円
小華丼セット(平日)	1944円
銀華丼セット(土・日曜・祝日)	2052円
小海定食・天	3888円
小海定食・丼	3888円
季節の会席	8640円

銀座天國本店
ぎんざてんくにほんてん

✆ 03-3571-1092

住 中央区銀座8-9-11
交 JR 新橋駅銀座口から徒歩5分
営 11時30分～22時　休 無休
喫 可（分煙）　個 あり
予算 昼1100円～ 夜6000円～

夜の月セットは毎日内容が変わる。写真は巻海老、きく芋、ぎんなん、山芋ゆば包み、ひめこ鯛など9品

有機野菜の天ぷらが好評

てんぷら 黒川

（てんぷら くろかわ）

築地場外市場に平成8年に開店した、カウンター5席とテーブル2卓のこぢんまりした店。店主の黒川丈史さんは高輪プリンスホテルのお座敷天ぷら「若竹」を皮切りに、名古屋キャッスルホテルの天ぷら部門などで10年ほど修業。昭和62年、東京全日空ホテルのオープンにあたってその卓越した腕を見込まれて、天ぷらカウンターの責任者に抜擢されたというキャリアの持ち主だ。

「衣をつけて油に入れると、食材は動きながら秒単位で熱が通ります。その動きを見ながらいつも一定のレベルに揚げるのが、天ぷらの難しいところなんです」と熱っぽく語る黒川さんの自慢は、有機野菜の天ぷら。かぶ、トマト、ヤーコン、キクイモ、ほうれん草など、大根と白菜以外はすべて天ぷらにするという。

この店では天つゆは出ない。天ぷらはカレー塩か抹茶塩、アンデスの岩塩、パウダー状の岩手の塩で味わう。「あいすくりーむのてんぷら」は食後におすすめ。夜は要予約。

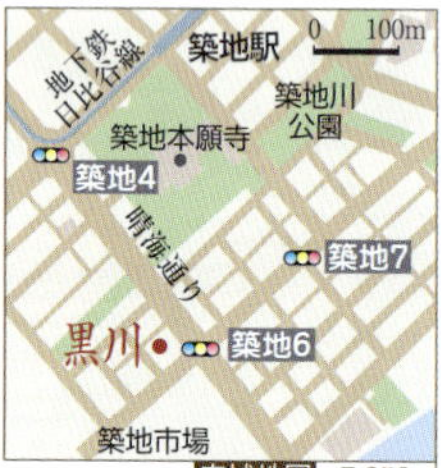

広域地図 P.256

一流ホテルで腕を磨いた 店主の意気込みが伝わる

左）夜の月セットの天むす（手前）と刺身。芝海老と貝柱の天ぷらをのせて手で一つずつむすぶ天むすは、各ホテルの天ぷら部門で修業した店主ならではの味　下）店主の黒川丈史さん

右）抹茶アイスを揚げたあいすくりーむのてんぷら　下右）パプアニューギニア産の天然海老を使う海老天丼は昼の人気メニュー　下左）店内は清潔感にあふれている

おしながき

〈昼〉
- かき揚げ天丼……1500円
- 海老天丼……900円
- 上天丼……1500円
- 穴子天丼……1500円
- 特製天丼……2000円
- 昼の雪セット……2000円
- 昼の月セット……3000円
- 昼の花セット……4000円

〈夜〉
- 夜の雪セット……4000円
- 夜の月セット……5000円
- 夜の花セット……6000円
- あいすくりーむのてんぷら……500円

てんぷら 黒川

てんぷら くろかわ

✆ 03-3544-1988

住 中央区築地6-21-8
交 地下鉄築地駅1出口から徒歩5分
営 9時～13時45分（LO）、17時～20時（LO）　休 日曜、祝日　喫 不可　個 なし
予算 昼1500円～ 夜6000円～

人気ランチの塩天丼。ランチメニューの丼物には数量限定で半熟玉子の天ぷらがのる

食材の味で魅了する塩天丼

てんぷら 味覚

（てんぷら　みかく）

「ご馳走」という言葉には、主人が客人をもてなすために、食材を求めて東奔西走する気持ちが含まれている。

昭和６年（１９３１）に日本橋で創業。同62年から六本木に移ったこの店の天ぷらからは、そんなご馳走の気持ちが伝わってくる。魚介類は毎朝、店主自ら築地市場へ行き、その目で確かめる。野菜は神奈川県厚木市の自家菜園で有機栽培。堆肥はオーガニック飼料で育つＧ１競走馬のものを使う徹底ぶりだ。「自分が無農薬で育ててるんだから安全性は間違いなし。とれたての野菜は味が濃くて旨い」とは2代目店主の森礦史《もりひろし》さん。

こだわりの食材は玉締め一番搾りの胡麻油で揚げる。煎り胡麻を低圧でじっくり搾っているため、より香りが立つという。ランチの一番人気は塩天丼。エビ天、エビかき揚げ、ナス、ニンジンなどの野菜天に、メキシコ産と静岡県駿河湾産をブレンドした天然塩を振りかける。丼つゆにくぐらせる天丼よりも、衣の食感や野菜の持ち味が感じられ、最後まで箸が止まらない。

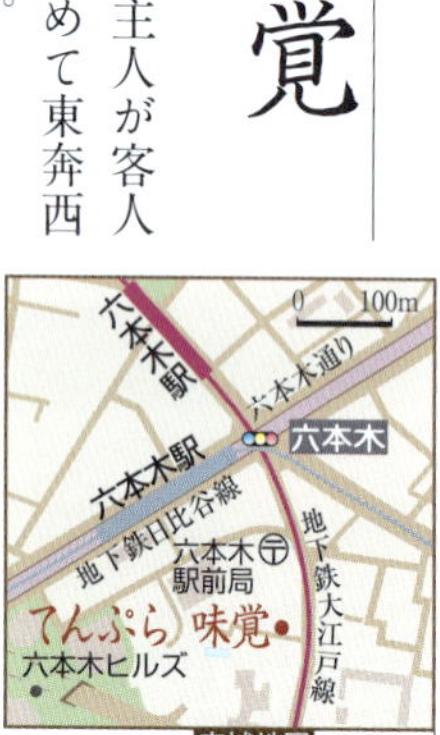

広域地図 P.244

週末、店主が汗して育てた滋味豊かな野菜をたっぷり

上）自家菜園で育てた野菜。野菜の生命力を刺激し旨みを引き出すため厳しい環境で栽培する　中右）アラカルトのアナゴ、菜の花、ペコロス（小タマネギ）　中左）二代目店主の森礦史さん　下左）店内はカウンター、テーブル席のほか小上がりと個室がある　下右）揚げ油はランチ、ディナーで入れ替える

おしながき

〈昼〉		〈夜〉	
野菜天丼	1200円	天ぷら定食	2484円
天丼	1200円	天ぷら御膳	4860円
塩天丼	1300円	雪コース	5400円
天とろ丼	1300円	月コース	6480円
天ぷら定食	1800円	花コース	8640円

てんぷら 味覚

てんぷら みかく

✆ 03-3404-1800

住 港区六本木6-7-17
交 地下鉄日比谷線六本木駅3出口から徒歩3分
営 11時30分～14時、18時～21時30分（LO）
休 日曜、祝日　喫 不可　個 あり
予算 昼1200円～ 夜2300円～

竹コースから才巻エビ、白魚、稚鮎、レンコンなど。大根おろしには柚子もすりおろされている

落ち着いた一軒家

赤坂 花むら
(あかさか はなむら)

カランカランと揚げる軽やかな音がカウンター向こうの天ぷら鍋から響いてくる。香ばしい匂いが立ち、しばし待つと薄衣のエビ天が皿に盛られた。ふんわりとやわらかく、甘さが広がる。「天ぷらは五感で味わうものです」とは3代目店主・川部幸二さん。赤坂の路地に一軒家を構える、この店のお座敷天ぷらを食せば、誰もがその意味を理解するはずだ。

創業は大正10年（1921）。天ぷら店のバイブルとなる『天ぷら〜材料と揚げ方のコツ〜』や『天ぷらの奥義』（ともに婦人画報社）を著した初代・川部幸吉が上野広小路に店を開き、その後、赤坂へ移転した。店内は1階と2階があり、どちらも掘りごたつ式のカウンター席。広い2階は3代目、1階は4代目が調理場に立つ。「季節の味を楽しんでほしい」との思いを込めた献立は昼夜ともコースで、築地市場から毎朝仕入れる魚介類や野菜を丁寧に下ごしらえし、太白胡麻油で揚げていく。

コースの最後を飾るデザートは4代目の手作りだ。

広域地図 P.239

軽やかな音、香り、食感。季節の味覚を五感で味わう

左上）職歴50年以上の3代目店主・川部幸二さん。「天ぷらを揚げるのが楽しくて仕方ない」と笑う　左下）4代目二人が担当するデザート。この日はサクラのババロアとイチゴが供された　上右）築地市場で集める食材。市場通いも50年来の日課だ

上）築40年の日本家屋も味わいの一つ。2階（写真）のほか、小グループで貸切にできる1階がある　左）初代が考案した天ぷら鍋。岩手県久慈の砂鉄を使い、厚めに作ることで温度の低下を抑える

おしながき

お昼のコース	5400円	刺身	1944円～
竹コース	7560円	ビール（中瓶）	648円
梅コース	9720円	日本酒「司牡丹」（1合）	648円
特コース	1万1880円	焼酎（グラス）	648円
おまかせコース	1万4040円	ワイン（ハーフボトル）	2376円～
酢の物	756円～		

赤坂《あかさか》 花むら《はなむら》

✆ 03-3585-4570

住 港区赤坂6-6-5
交 地下鉄赤坂駅5b出口から徒歩3分
営 12時～21時（LO）　休 火曜
喫 可　個 あり
予算 昼6000円～ 夜7000円～

アラカルトのアワビ、活き巻エビ、稚鮎、メゴチ、空豆など。器は店主の手作り

西麻布の隠れ家的な名店

天婦羅からさわ
(てんぷらからさわ)

六本木通りから一本入った、西麻布の閑静な住宅地に建つ。店主の唐澤隆さんはホテルオークラ「和食堂 山里」で33年間勤務し、平成17年に独立した。和食一筋に半世紀近く腕を磨いた唐澤さんが、最も注力するのは食材の見極めと仕込みだ。「本当にいい食材は姿形が美しく、一目でわかる」という考えから、毎朝築地市場へ自ら出向き、旬の魚介類や野菜を仕入れる。また、友人の農家からも新鮮な野菜が届けられる。

プロの料理人らしい仕込みがまた凄い。たとえば、エビ天に使う活き巻エビは下ごしらえ後、揚げるまで5時間待つ。そうすることでエビの旨みが一段と増すそうだ。水分の多い魚は布や薄板で余分な水分をとり、水分の少ない魚はラップで包むなど〝食材の持ち味を引き出す〟心遣いを挙げればきりがない。

夜はコースのみ。カウンターに座ると、店主が客のペースを見ながら、太白胡麻油と大豆油のブレンド油で一品ずつ揚げていく。自信作の天つゆ、こだわりの塩などで味わいたい。

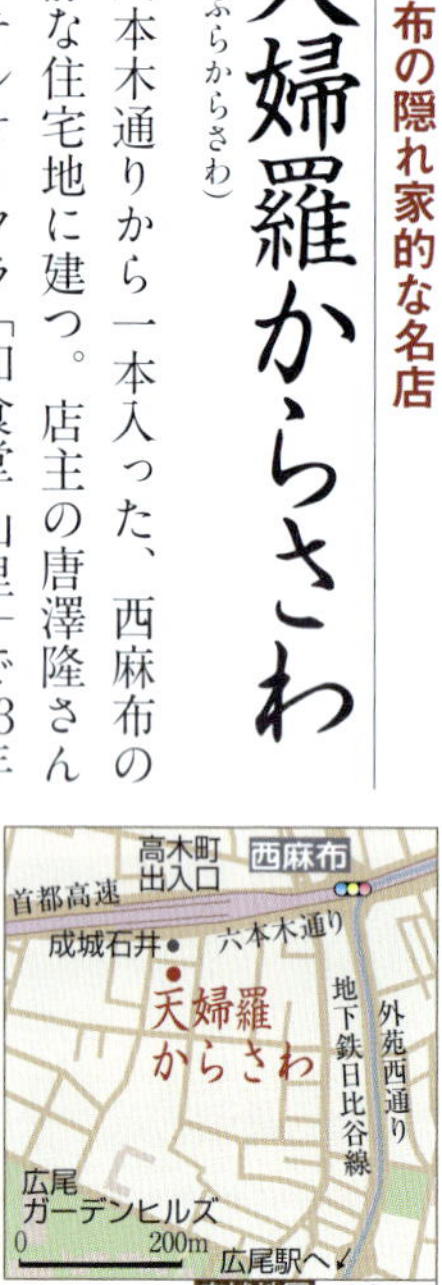

広域地図 P.244

一品、一品に込められた料理人の技と愛情を味わう

上）食材は店主が認めた逸品ばかり。コース開始前に使用食材を披露し、好き嫌いに応じる　右）夜コース「二の献立」に含まれる天茶。黒米ご飯の上にエビ、小柱のかき揚げが乗り静岡県の玉露茶をかけていただく　下右）糊のきいた白衣がよく似合う店主の唐澤隆さん　下左）店内はカウンター12席とテーブル席２卓がある。

おしながき

〈昼〉

特選天婦羅定食……………4500円

特選かき揚げ天丼…………2800円

穴子天丼……………………2200円

〈夜〉

一の献立……………………7020円

二の献立……………………9720円

おまかせ……………1万6200円～

シャンパン「ランソン ブラックラベル ブリュット」（ボトル）……1万800円

白ワイン「シャトー ド ラ マルトロワ」（ボトル）……………1万4580円

赤ワイン「ジュヴレ シャンベルタン」（ボトル）……………1万4580円

※夜は別途サービス料5％

天婦羅からさわ

てんぷらからさわ

✆ 03-6418-7878

住 港区西麻布4-15-18　高木ビル１階

交 地下鉄広尾駅4出口から徒歩10分

営 11時30分～14時、17時30分～21時30分（LO）

休 水曜、月数日不定休　喫 不可　個 なし

予算 昼2200円～ 夜１万円～

クリームチーズの海苔巻き、イカ下足たたき巾着など。ひと手間かけた串天

深夜でも天ぷらを味わえる

串天 山本家

（くしてん やまもとや）

気軽に飲める天ぷら屋をコンセプトに、平成27年10月にオープン。深夜3時までの営業時間も評判となり、赤坂見附の人気店となった。店主の山本高史さんは徳島県出身で、椿泊漁港で水揚げされた魚介類をはじめ、野菜、阿波ポーク、阿波どりなど、ほとんどの食材は徳島県から取り寄せる。

天ぷらは1本から注文できる創作串天が中心。阿波どりのササミは茎わさび、谷中生姜の豚バラ巻きはニンニク味噌といった具合に、〝天ぷらは天つゆと塩で食べる〟という固定概念に挑戦しているのがおもしろい。一番人気のかしわ天（鶏肉の天ぷら）は、まずは自家製タルタルソースで味わい、次は三杯酢をかけていただく。ボリューム満点だが、ガラリと味が変わることで、最後まで飽きずに食べられる。

磯の香りが食欲をそそる青のり入りのだし巻き玉子、とろけるような食感の牛すじ土手煮込みなど、串天以外の一品料理も充実。徳島県産の日本酒、焼酎なども多数揃えている。

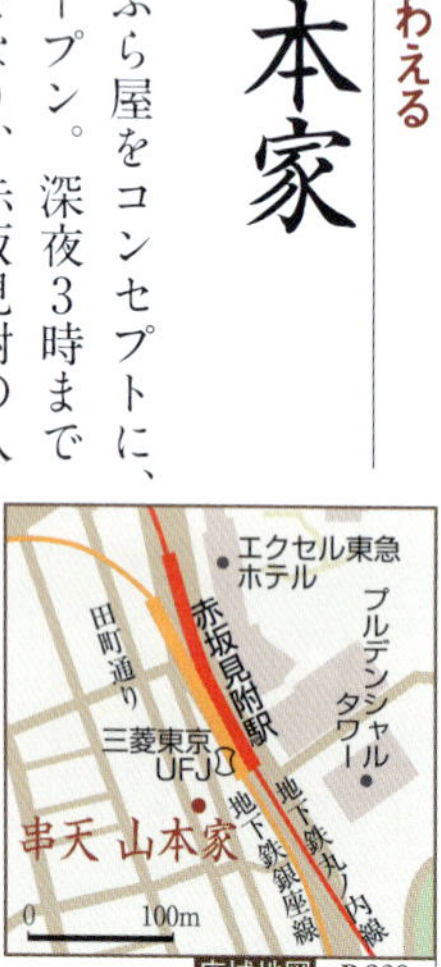

広域地図 P.239

徳島県から厳選食材を直送
創作串天で〝新たな天ぷら〟に挑む

上）注文を受ける際に客に食材を見てもらい、料理選びの参考にしてもらう　下右）名物のかしわ天。天ぷら油は新鮮さを保つために毎日交換している　下左）紅しょうがと桜エビのかき揚げ。華やかな姿に驚きの声が上がる

左）店内はカウンター席とテーブル席のみ。飲み放題プランなどもあり、宴会にも対応する　右）日本酒の「眉山」や生すだち酒、焼酎の「鳴門金時」など、酒類も徳島県産が中心

おしながき

クリームチーズの海苔巻	1本302円
イカ下足のたたき巾着	1本324円
季節野菜の豚バラ巻き	1本302円
串天の三点盛	734円
紅しょうがと桜エビ(かき揚げ)	734円
山本家のかしわ天	842円
和牛すじ土手煮込み	734円
徳島産青のりのだし巻き玉子	734円
日本酒「眉山」(1合)	1058円
焼酎「鳴門金時」(1合)	1058円
生すだち酒(1合)	1058円

串天《くしてん》 山本家《やまもとや》

✆ 03-6426-5746

住 港区赤坂3-8-7 中村屋ビル2F
交 地下鉄赤坂見附駅10出口から徒歩1分
営 17時〜翌3時（食事2時30分LO）
休 土・日曜、祝日　喫 可　個 なし
予算 4000円〜

車海老など9品の天ぷらに刺身と天茶がつく銀杏コース。日本酒「十四代」とともに味わいたい

上質なタネ満載の天丼が人気

てんぷら 石原

（てんぷら いしはら）

青山通りから一本入った路地に佇む。平成27年に北青山から移った新店舗はカウンターと2部屋（夜は個室）からなり、品のいい温かみを感じさせる。

店主・石原伸幸さんは2代目。生まれも育ちも青山のいわゆる〝ボン〟だったが、25歳のときに先代だった父親を亡くして心構えが変わった。「伝統を生かしつつ、時代のニーズに合った天ぷらを出したい」と、店のことを考えるのが楽しくてしょうがないといった熱心な口ぶりで語る。

野菜ブームに先駆けて、にんじんかき揚げ、アスパラガスなど8種の野菜をのせた上やさい天丼を考案。質とボリューム、値段の安さで、TV番組でも再三紹介される昼の看板メニューになった。穴子やきす、めごち、芝海老のかき揚げなど、上質のタネを使った特上天丼もおすすめ。夜の一番人気は車海老など9種の天ぷらに刺身、天茶または天丼がつく銀杏コース。「十四代」の限定品をはじめ、日本酒や焼酎も種類豊富に揃えている。

広域地図 P.236

8種の野菜がてんこもり 昼の上やさい天丼が大人気

左）にんじんかき揚げ、アスパラガス、蓮根など野菜たっぷりの上やさい天丼　中左）「儲けは度外視」という江戸前天丼は、穴子やきすなど上質な素材がたっぷり　下中）特上天丼は「富津産の穴子がおいしい夏場にぜひ食べてほしい」という逸品　下）2つの部屋はどちらも楽な掘りごたつ式

下）店主の石原伸幸さん

おしながき

〈昼〉	
天丼	950円
上やさい天丼	1550円
江戸前天丼	2800円
特上天丼	3800円
〈夜〉	
青山コース	7290円
銀杏コース	9180円
雅コース	1万2420円
刺身	1575円〜
日本酒「飛露喜」（1合）	1000円〜
日本酒「十四代」（1合）	1000円〜
焼酎「佐藤・黒」（1合）	680円〜

てんぷら 石原

てんぷら いしはら

✆ 03-3402-8403

【住】港区南青山2-3-17南青山いしはらビル1階　【交】地下鉄外苑前駅4A出口から徒歩3分　【営】11時30分〜14時30分、18時〜22時（日曜、祝日は11時30分〜14時。ランチのみ営業）　【休】土曜　【喫】不可（夜は席により可）　【個】あり　【予算】昼1500円〜 夜8000円〜

店主おすすめの一品、あわびの天ぷらはおまかせコースで。薄い衣のアスパラガスもみずみずしい

絶妙の間合いが評判

てんぷら 逢坂

（てんぷら おおさか）

愛宕《あたご》通りから1本東側に入った路地にある、黒板塀に朱色の暖簾が映える外観が印象的な店。上質なタネが割安な値段で食べられ、しかも天ぷらを出すタイミングが絶妙と評判で、昼のてんぷら定食も一つひとつ目の前で揚げてくれる。

天ぷらを揚げるのは店主の大坂彰宏さん。お座敷天ぷらの名店「天政」や「つじ村」などで15年の修業を積み、平成13年に店を持った。「きすや穴子は時化《しけ》ないかぎり江戸前を使います」と材料にこだわり、青森産のあわびや冬の白子など新しいタネも開拓して取り入れている。素材の良さを生かすため、油は綿《めん》実《じつ》油と太白《たいはく》胡麻油を半々くらいにブレンド。軽くふわっと揚がり、素材本来の味が際立つという。ぜひ、まろやかなパキスタン岩塩をつけて食べたい。

夜のコースは3種類あり、海老や魚、野菜、かき揚げなど多彩なタネが出るが、料金は良心的。気取らない雰囲気のせいか、ビジネス街にありながらプライベートな客が多いという。

広域地図 P.239

店主自慢のあわびの天ぷらも
特製ブレンドの油で軽やかに

上）軽い衣でからりと揚がった車海老。身はうっとりするほど甘い。コースには2本つく　左）小気味よいリズムで天ぷらを揚げていく店主の大坂彰宏さん

下）ゆったり座れるカウンターは9席。このほかに4人掛けのテーブルが1つある

下）この日の野菜はたらの芽、ふきのとう、そら豆。ほんのりした苦みと香りが春を感じさせる

おしながき

〈昼・平日〉	
てんぷら定食	1500円
天丼	1500円
穴子天丼	1900円
特製天丼	2800円
〈夜〉	
天ぷらコース・松	8500円
天ぷらコース・竹	1万2000円
おまかせコース	1万2000円
日本酒「菊正宗」（特選・1合）	735円

てんぷら 逢坂
てんぷら おおさか

✆ 03-3504-1555

住 港区西新橋2-13-16 多田ビル1F
交 地下鉄虎ノ門駅1出口から徒歩6分
営 11時15分～14時、17時30分～21時（LO） 休 日曜・第3土曜、祝日 喫 不可 個 なし 予算 昼1500円～ 夜9000円～

はまぐり(手前)はすだちと醤油でさっぱりと。ごぼうは驚くほど甘く、よもぎはパリッと食感がいい

麻布十番の隠れ家的な店

天ぷら 畑中

(てんぷら はたなか)

「この仕事で一番大切なのは気持ち。食べることは生きることですから、〝思い〟のない料理は伝わらないんです」と店主の畑中宏祥さん。一心に鍋を見つめ、手際よくかつ丁寧に天ぷらを揚げるその姿からも、真摯な思いが伝わってくる。この気迫ある店主の仕事ぶりを見るのが好き、と通いつめる常連客も多いそうだ。

　毎朝築地から食材を仕入れ、胡麻油を多めに配合した油で揚げる天ぷらは、畑中さんのこまやかな技が光るものばかり。例えばはまぐりは、口に入れると旨みの凝縮した汁が口いっぱいに広がる。ほどよくレアに揚がっているからだが、レア過ぎると磯臭さが残ってしまうため、揚げ具合が難しい。琵琶湖産の天然の稚鮎《ちあゆ》は身がふっくらする温度で、そら豆はひと粒ずつ薄めの衣でカリッと揚げる。塩がほどよく香ばしい。

　店は地下鉄南北線麻布十番駅のすぐ近く。李朝格子の窓や土壁など、内装はしっとりして落ち着ける。

広域地図 P.244

蝶ネクタイ姿の店主が揚げる 真摯な思いが伝わる天ぷら

上）網代張りの天井に土壁と、店内の造りはナチュラル　左）器は人肌の温もりが伝わる土ものが多い　下）琵琶湖産の天然稚鮎と、店主が「自信あり」と太鼓判を押すそら豆　下左）銀座「天一」などで修業した店主の畑中宏祥さん。蝶ネクタイが決まっている

おしながき

コース・榎 ……………… 1万800円	コース・柊 ……………… 1万2960円

天ぷら 畑中
てんぷら はたなか

✆ 03-3456-2406

住 港区麻布十番2-21-10 マンション麻布コート1F
交 地下鉄麻布十番駅1出口から徒歩2分
営 18時〜20時（LO）（日曜・祝日は17時30分〜）
休 水曜　喫 不可（きつい香水も不可）　個 なし
予算 7500円〜

才巻海老は、一番甘みが強い小ぶりなサイズの車エビの呼び名。エビの頭と身の食感の違いも楽しい

確かな技が光る江戸前の味

天茂
（てんしげ）

赤坂駅から徒歩2分、昭和の面影を色濃く残す小さなビルの2階にある天ぷらの名店。創業昭和39年（1964）。

初代の倉茂《くらしげ》富夫《とみお》さんは名人と呼ばれ、食にうるさい著名人たちの舌をうならせてきた。2代目・高畑《たかばたけ》粧由里《さゆり》さんは倉茂さんの一人娘。20年以上、父が教えた江戸前の味を守り続けてきた。「江戸前の天ぷらは、本来は魚介しか揚げていません」と高畑さん。東京湾でとれたばかりの魚を揚げるのが本来のスタイルだ。伝統の技を生かし、才巻海老は生きたまま揚げる。「父には『中心にマッチ一本分の生が残ってるな、と思うところで引き揚げなさい』と教えられました」。そうすればお客の口に入る時に芯まで火が通り、最もおいしく食べられる。夜のコースは海老に始まり、アナゴで終わる。いずれも火の通り具合は絶妙だ。締めのかき揚げの丼つゆは、創業の時から継ぎ足しながら守り続けてきた。ランチは混み合うので、じっくり旬の味を楽しむには夜がおすすめ。

広域地図 P.239

名人と呼ばれた父の技を娘が受け継ぐ赤坂の名店

上）カウンター12席。使い込まれた檜のカウンターや、木彫りの店名など風格を感じる佇まい　下右）コースは魚介を中心に野菜も入れて8品～10品。その日仕入れた新鮮な食材を使う

右）店主の高畑粧由里さん。接客担当のお母さんはベテラン。家族経営の温かい雰囲気に心和む

上）野菜の中で一番人気の「しいたけ」。徳島産の肉厚のシイタケに、小エビを詰めた　左）コースの締めの一品、かき揚げ丼。ユズの香りがアクセント

おしながき

（昼）
- かき揚げ丼・天丼 ・・・・・・・・・・・・・ 1300円
- 赤出し味噌汁 ・・・・・・・・・・・・・・・・・ 100円

（夜）
- 天ぷらコース（8品～10品）・・・・・・ 7560円
- ビール ・・・・・・・・・・・・・・・・・・・・・・・ 756円
- 日本酒（お燗・冷酒）1合 ・・・・・・・・・ 864円

天茂《てんしげ》

✆ 03-3584-3746

住 港区赤坂3-6-10 第3セイコービル2F
交 地下鉄赤坂駅1出口から徒歩2分
営 11時30分～14時（LO）、18時30分～20時30分（LO）　休 土・日曜、祝日　喫 不可　個 なし
予算 昼1400円～ 夜8000円～

天ぷら10品の月コースの一例。油は綿実と胡麻を7対3で使い、軽めに揚げる

居心地がよくてくつろげる

天作
(てんさく)

女将の田中郁子さんは、すぐ近くでおでんの店も開いている。おいしい天ぷらが食べたいというお客の声に応えて、平成12年にこの店を開いた。古くからの住宅街である目白は住人の年齢層は高め。板塀で囲った外壁やクラシックな軒灯など、昭和を意識したデザインは田中さんが考えたものだ。月ごとに替えるというオリジナルの器も素敵で、おいしく食べるのはもちろん、気持ちよく過ごしてもらえるようにと、女性らしいアイデアで客を引きつけている。

天ぷらを揚げるのは、長らく帝国ホテルの「なだ万」で働いていた飯田さん。「ごく普通の天ぷらです」と控えめだが、素材一つひとつの食感を考え、見た目を大切にする揚げ方は熟練の技を感じさせる。ほくほくしたにんにく、ほんのり苦いゴーヤ、膨らんだ形がおもしろい餅、丹波の黒豆餅など、旬の味に加えてユニークな食材も豊富に揃うのが魅力。常連客は6月ごろに登場する、生醤油で味わう山菜を心待ちにしている。

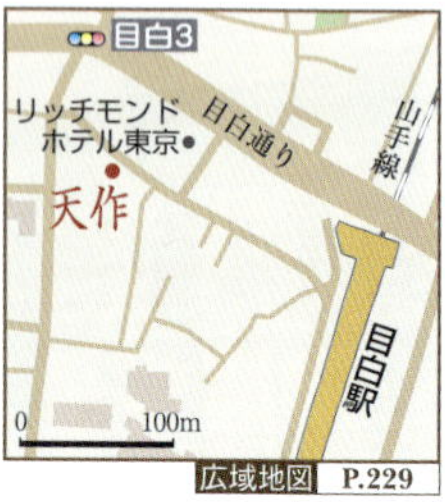

広域地図 P.229

女性の感性を生かした店内で一流割烹の味をリーズナブルに

上）磯の香りたっぷりの、海苔で巻いた生うに　下右）種も一緒に輪切りにして揚げるゴーヤ。ほんのりした苦みが食欲をそそる　下左）油煙とは無縁な、清潔感あふれる店内

右）まるで焼き芋のようにほっくりとしたさつまいもの天ぷら
左）人気の餅の天ぷら。揚げたての煎餅のように香ばしい

おしながき

〈昼〉
かき揚げ丼……………………1200円
天丼……………………1200円
天ぷらごはん……………………1500円
週替わり天丼……………………1000円
〈夜〉
雪コース……………………4000円
月コース……………………5000円
花コース……………………7000円
近衛コース……………………6000円
お好み天ぷら（生うに・さつまいも・もちなど）
……………………700円〜
焼酎（お湯割り）…………450〜600円

天作《てんさく》

✆ 03-3954-1036

住 新宿区下落合3-2-16
交 JR目白駅から徒歩3分
営 11時30分〜13時30分、17時〜21時30分（LO）（土曜、祝日は夜のみ営業）　休 日曜　喫 不可　個 なし
予算 昼1000円〜 夜4000円〜

海老2本、魚介3種、野菜2種にかき揚げと、ボリュームもある天ぷら定食(B)

ボリュームも自慢

天ぷら 船橋屋 本店

(てんぷら ふなばしや ほんてん)

もともとは明治初めに甲州街道沿いで旅の道具を売る店だったが、戦後すぐ食堂に転身。その後天ぷら専門店になった。変化の激しい新宿にあって長く営業を続けている店として知られ、1~3階まで合わせて100席以上あるにもかかわらず、連日大いに賑わっている。

品書きは多彩。この店では、各種ある定食からまず好みのものを頼み、足りない分はお好みで追加するというのが定番の食べ方。貝柱磯辺揚げなど、ひと工夫した変わり揚げもおすすめだ。平日16時まで食べられる3種類のランチも人気がある。

上質な玉締め絞りによる胡麻油で揚げる天ぷらの食感は軽やか。天つゆのほか、自然塩、藻塩、ハーブソルトの3種の塩が出されるが、なかでも新潟の職人・佐藤寛さんが作った藻塩は、まろやかで甘みがある逸品だ。オレガノやローズマリーなど7種のハーブが入ったハーブソルトだと一転、洋風の味わいになるのもおもしろい。

広域地図 P.237

からりと揚げた天ぷらを3種類の塩と天つゆで

左）1階のカウンター席　下左）冬の味覚を代表するはすの天ぷらは、サクサクと歯触りがいい

上）人気の変わり揚げの一つ、貝柱を海苔で巻いた貝柱磯辺揚げ

上）短冊に切ったいかに、たらこをはさんだ「いかもみじ」　左）名物のジャンボかき揚げ。直径15㎝、厚さは5㎝以上ある

おしながき

- ランチ・宝(平日ランチのみ)・・・・・1380円
- ランチ・沖(同)・・・・・・・・・・・・・・・・2370円
- 天丼・・・・・・・・・・・・・・・・・・・・・・1220円～
- 天重・・・・・・・・・・・・・・・・・・・・・・1800円
- 天ぷら定食・・・・ 旬菜1870円・A2120円・B3300円・桐4080円
- 季節の味覚コース・・・・・・・・・・・・・4800円
- 菊コース・・・・・・・・・・・・・・・・・・・・5100円
- 萩コース・・・・・・・・・・・・・・・・・・・・5800円
- 藤コース・・・・・・・・・・・・・・・・・・・・7200円
- 旬の天ぷら盛り合わせ・・・1560～3400円
- 天ぷら単品・・・・・・・・・・・・ 400～1000円

天ぷら 船橋屋 本店

てんぷら ふなばしや ほんてん

✆ 03-3354-2751

住 新宿区新宿3-28-14
交 JR新宿駅東口から徒歩3分
営 11時～22時(平日ランチは15時まで)
休 無休　喫 不可　個 あり
予算 昼1220円～ 夜1870円～

海老2本と小海老のかき揚げ、白身魚と活穴子、野菜3種がつく天麩羅膳の一例

素材は厳選、値段は大衆的

新宿つな八 総本店

（しんじゅくつなはち そうほんてん）

新宿区内だけで実に8店舗もある「新宿つな八」グループの総本店。創業は大正13年（1924）。そこだけ時が止まったかのような木造の建物は、戦後すぐの建築だ。古色あふれる外観に加えて、鈍い飴色に光る店内のたたずまいも渋い。席数は120席あるが、それでも週末には行列ができるという。「常に最高の天ぷらをお手ごろな価格で」をモットーとしているだけに、定番の天麩羅膳で1000円台と気軽に楽しめる。海老、魚、貝、野菜など素材は厳選、米は低農薬で栽培する「ながいき農法」のものを仕入れている。さらに変わり塩は4種類用意するなど、おいしいものの提供に余念はない。

目の前で揚げる熱々の天ぷらをすぐに食べられるカウンター席が店内3カ所にあるのも魅力だ。定食のほか、お好み天ぷらも豊富で、なかでも甘鯛の松笠揚げや大あさり香り揚げは人気がある。アイスクリームの天ぷらはこの店が元祖。食後にいただけば口中がさっぱりする。

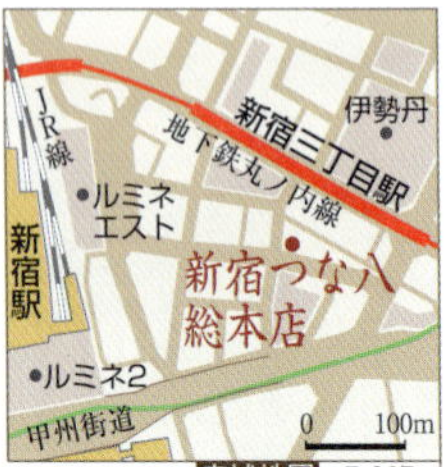

広域地図 P.237

新宿で90年以上
昔も今も変わらず庶民的な店

上）海老、帆立貝、はまぐり、きす等々、新鮮な食材を厳選　右）鱗をつけたまま揚げる甘鯛の松笠揚げ。つな八オリジナルの変わり揚げで鱗ごと食べられる　下）柱も天井もつやつや。年季の入った店内は居心地がいい

上）元祖アイスクリームの天麩羅はフルーツソースで食べる

おしながき

昼膳(16時まで)	1512円	天麩羅膳	2484～4536円
菜彩膳(昼・平日のみ)	1728円	綱八膳	6480円
天丼(同)	2484円	アイスクリームの天麩羅	540円

新宿つな八 総本店
しんじゅくつなはち そうほんてん

✆ 03-3352-1012

住 新宿区新宿3-31-8
交 JR 新宿駅東口から徒歩3分
営 11時～22時30分　休 無休
喫 不可　個 なし
予算 昼1600円～ 夜6500円～

コース料理の一例。鮮度のよい素材を彩りよく香りよく揚げる

基本に忠実な天ぷら

天麩羅 しゅん

（てんぷらしゅん）

京王プラザホテル直営の天ぷら店。寿司店としゃぶしゃぶ店が並ぶ和食フロアにあり、店内はそれほど広くない。国内外の宿泊客の姿も多く、雰囲気はアットホームだ。カウンターに座り、調理人と会話しながら味わうのもまた楽しい。

メニューは昼夜ともにコースが中心で、昼は手ごろな御膳セットや天丼も加わる。胡麻油が9割という揚げ油で揚げる天ぷらは、胡麻の香りが強いが、食感は軽い。素材の旨みが豊かに感じられる抹茶塩や昆布塩でも食べてみたい。季節ごとの天ぷらに合う素材を揃え、有機野菜なども使う。全体にオーソドックスな構成だが、お好みで湯葉しんじょう、いか明太子、長芋の梅海苔巻きなどの変わり揚げも楽しめる。

「黒龍」「あさ開」「獅子《しし》の里旬《さとしゅん》」など、左党も一目置く銘酒はホテルの唎酒《ききざけ》師が選んでいる。また、希望すればワインはソムリエが選んでくれるというのも、一流ホテルならではのサービスといえる。

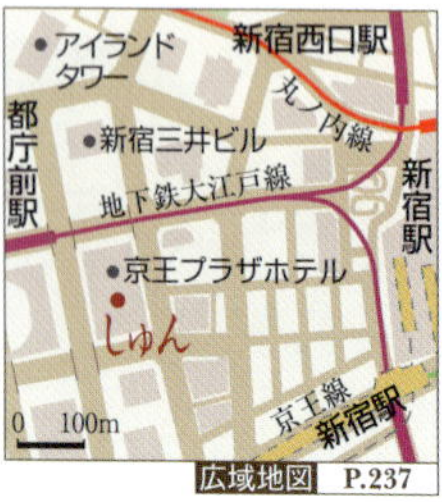

広域地図 P.237

端正な正統派天ぷらに
左党垂涎の銘酒を添えて

上）しゃこ、きす、めごちなどの魚介から山菜、里の味覚まで素材は豊富　左）日本酒は唎酒師が選んだ銘柄が揃う　左下）おすすめはカウンター席　下）変わり揚げ３種。長芋の梅海苔巻き（上）、はすの明太子詰め（右）、チーズの紫蘇巻き（下）

おしながき

〈昼〉
- かき揚げ天丼……………………2500円
- 特選天丼…………………………2800円
- コースしなの……………………3500円
- コースあさひ……………………7000円

〈夜〉
- コースつくば……………………9000円
- コースほたか……………………1万5000円
- 日本酒「黒龍大吟醸」(1合)……3500円

＊サービス料10％別

天麩羅 しゅん《てんぷら しゅん》

✆ 03-3344-0111（代）

[住] 新宿区西新宿2-2-1 京王プラザホテル7F
[交] JR 新宿駅西口から徒歩5分
[営] 11時30分～14時30分（LO）、17時～21時（LO）
[休] 無休　[喫] 不可　[個] なし
[予算] 昼2500円～ 夜9000円～

夜のAコース（11品）の一例。海老、しいたけの海老詰め、穴子、はぜ、アスパラガス

山手風のすっきりした天つゆ

天兼
（てんかね）

高層ビルが林立する新都心の一角にあって、宿場町の旅籠を思わせる外観が目を引く。

店の歴史は、明治36年（１９０３）に初代が始めた屋台の天ぷら屋までさかのぼる。その後は新宿駅東口に店を構え、戦後西口へ移り、昭和36年からは現在地で営業を続けている。季節の花が生けられた清々しい玄関を入るとカウンター席。その奥の落ち着いた和室ではお座敷天ぷらが楽しめる。

4代目の石鍋仁さんはまだ40代前半と若いが、子どものころから祖父や父の仕事を見て育ってきただけに、料理に対する志は高い。毎日築地へ出かけ、鮮度のいいきすや穴子、はぜ、ぎんぽう、小柱など江戸前の魚介を中心に、季節の食材を仕入れてくる。江戸時代中期から続く専門店が作る玉締め絞りの胡麻油で揚げる天ぷらは風味が高く、素材の甘みが上品に引き出されている。かつて四谷の花柳界で好まれたという、すっきりとした辛口の、山手風の天つゆで食べるのがおすすめだ。

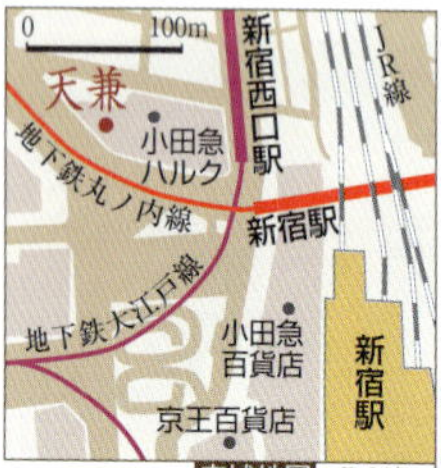

広域地図 P.237

江戸前のタネの旨みを
最高級の胡麻油が引き出す

上）コースの先付。げその梅肉和え、海老味噌、江戸前の平目刺身、野菜煮物　左）妻の加奈子さんは洋菓子のパティシエ。デザートは彼女の担当だ。写真はクレーム ダンジュ宝来柑のソース　下左）すっきり整ったカウンター席　下中）お座敷天ぷらはここで　下右）入口の生花が目を和ませる

おしながき

〈昼〉
Cコース……………………1900円
Bコース……………………3000円
Aコース……………………5000円
〈夜〉
Bコース……………………5000円
Aコース……………………8000円

Sコース……………………1万円
お座敷天ぷらコース………1万5500円
日本酒「白鷹」（本醸造・1合）……700円
日本酒「以心白鷹」（吟醸・300ml）
……………………………1400円
日本酒「八海山」（純米吟醸・1合）
……………………………1500円

天兼《てんかね》

✆ 03-3342-5601

住 新宿区西新宿1-5-1 小田急ハルク1F
交 JR新宿駅西口から徒歩2分
営 11時30分～13時30分（LO）、17時～21時（LO）、日曜、祝日は夜のみ営業　休 無休　喫 可（分煙）
個 あり　予算 昼1900円～ 夜5000円～

揚げ玉をまとった姿も華やかな花天ぷらはきす、なす、さつま芋、ししとう、かき揚げの5品

母と兄弟でがんばる

天㐂（てんき）

4代目の江端考俊さん、母親の久枝さん、そして弟の充郎さんの3人で切り盛りする和やかな店。

創業は明治43年（1910）。「天ぷら鍋に衣を入れ、散らして揚げ玉を作り、それを天ダネに素早くつけて〝花〟を咲かせるのが、初代からの伝統の揚げ方なんです」と考俊さん。そうすることにより、サクサクと歯ざわりがよく、見た目も豪華な天ぷらに仕上がるという。

脇で息子の仕事ぶりを見ていた久枝さんが「近ごろ、揚げ姿が父に似てきましてねぇ」と、にこやかに語る。考俊さんは高校に通いながら毎夜、店を手伝い、祖父から薫陶を受けた。平成8年に店を改築した際は、大宮の「すし辰」で魚介のさばき方や調理法、刺身の引き方などの修業に励み、今では若いながらも一人前の職人として老舗の暖簾を守っている。

貝柱のみを使ったかき揚げは、創業以来親しまれてきた定番の一品。日本酒の盃を傾けながら、じっくりといただきたい。

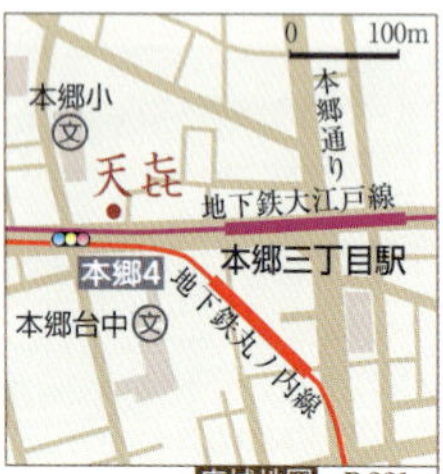

広域地図 P.231

初代から受け継ぐ伝統の技で
天ぷらに花を咲かせる

上）刺身はめじまぐろと鯛が定番。左上はお通しの小鉢。この日はきのこの生姜煮
右）昭和45年生まれの4代目、江端考俊さん　下右）海老2本と貝柱のかき揚げがのった上天丼　左）海老、穴子、貝柱のかき揚げ、大葉を盛り合わせた天ぷら定食・上。タネはどれもたっぷりと大きい　下左）店内は黒い柱や梁を用いた民芸調の造り

おしながき

- 天ぷら定食・・・・・・・・1400円・上2000円
- 天丼 ・・・・・・・・・・・・・・・・・・・・・・1080円
- えび天丼・・・・・・・・・・・・・・・・・・・1400円
- 特上天丼 ・・・・・・・・・・・・・・・・・・1800円
- 花天ぷら・・・・・・・・・・・・・・・・・・・1300円
- 穴子の上天丼 ・・・・・・・・・・・・・・1620円
- 江戸前天丼 ・・・・・・・・・・・・・・・・1520円
- 盛合せ天ぷら ・・・・・・・・・・・・・・・2380円
- 天ぷら単品・・・・・・・・・・・・・・・・・・120円～
- コース(予約制・4コース)
  ・・・・・・・・・・・・・・・・・・2750～6500円

天㐂《てんき》

✆ 03-3811-5421

住 文京区本郷4-5-8
交 地下鉄本郷三丁目駅3出口から徒歩2分
営 11時～14時、17時～21時　休 日曜、祝日
喫 可　個 あり
予算 昼1100円～ 夜2000円～

季節の天ぷら約10品に刺身6品、さらに毛がにがつく天麩羅コース宴(写真の毛がには2人前)

努力と工夫を心がける

天婦羅みやこし

(てんぷらみやこし)

店は、春日通りの小島町二丁目交番がある交差点から左衛門橋通りを南側へ入り、2つ目の信号機を左折、路地を100mほど行った左側にある。10名座れるL字形カウンターが中心で、奥に個室が2つある。

店主の宮腰昌俊さんは湯島天神の近くの「天庄」で16年間修業し、昭和60年に独立した。〝来たお客さまに満足してもらうこと〟をモットーに、毎朝自らバイクで築地へ出かけて納得した食材を買い求め、米は注文するつど精米して届けてくれる店から福島産のコシヒカリを仕入れ、天ぷら粉は備長炭で濾過した水で溶く。天つゆのだしはかつお節、干し椎茸、昆布でとり、天塩は沖縄産の甘みのある海塩を使うなど、とにかくお客の〝満足〟への努力と工夫を惜しまない。

おすすめは、10品前後の天ぷら、新鮮な魚介類、天茶か小天丼またはご飯と味噌汁が選べる、宮腰さん自慢の味をそろえたコース料理。夜は和服姿の女将があでやかに迎えてくれる。

広域地図 P.230

16年の修業を重ねた店主の味を格安なコース料理で楽しむ

左）コース料理の最後に出される天茶と漬け物。かき揚げにかつお節のだし汁をそそぎ三つ葉を散らした天茶は単品でも注文できる　下）店主の宮腰昌俊さん

右)白木のカウンターがすがすがしい
下)女将の京子さん

おしながき

天丼(昼のみ)	1400円	天婦羅コース・B	3500円
天重(同)	2000円	天婦羅コース・A	5000円
天婦羅定食・松(同)	2300円	天婦羅コース・華	6500円
天婦羅定食・竹(同)	3500円	天婦羅コース・宴	8500円
天婦羅定食・梅(同)	5000円	天婦羅コース・雅	1万2000円
天婦羅定食・上(同)	4000円		
天婦羅定食・特(同)	5500円		

＊消費税別

天婦羅みやこし

てんぷらみやこし

✆ 03-3864-7374

住 台東区三筋2-5-10
交 地下鉄新御徒町駅 A4出口から徒歩5分
営 11時30分～14時、17時～21時（日曜、祝日は17時～21時のみ営業） 休 水曜 喫 可(分煙) 個 あり
予算 昼1400円～ 夜4000円～

ずっしりと大きな雷神揚げ。昼はご飯、味噌汁、香の物つきの定食、またはかき揚げ丼で食べられる

名物は雷神揚げ

中清
（なかせい）

幕末に駿河国から上京した初代・中川鉄蔵氏は、雷門通りに開いた天ぷらの屋台から身を起こし、明治3年（1870）浅草寺の近くに中清の看板を上げた。以来130年余にわたり同じ場所で商いをつづけ、当主で6代目を数える。戦後に建てられた建物は重厚な蔵造り。12ある個室はすべて落ち着いた数寄屋造りで、池のある中庭を囲み、離れのように配されている。

天ダネに野菜は使わず、海老、穴子、きす、めごちなど魚介を胡麻油だけで揚げる天ぷらはまさに江戸前。名物雷神《らいじん》揚げの、厚さ5～6cm、直径12～13cmという大きさも江戸っ子好みだ。これは芝海老と青柳の貝柱を使ったかき揚げで、名付け親は仏文学者の辰野隆《ゆたか》氏。雷門の雷神が背負っている雷《いかずち》太鼓に、その形が似ていることから命名したという。

土地柄も手伝ってか店の馴染み客には作家や風流人、落語家、漫才師、役者などが多く、永井荷風は大正元年（1912）に発表した小説『新橋《しんきょう》夜話《やわ》』にこの店を登場させている。

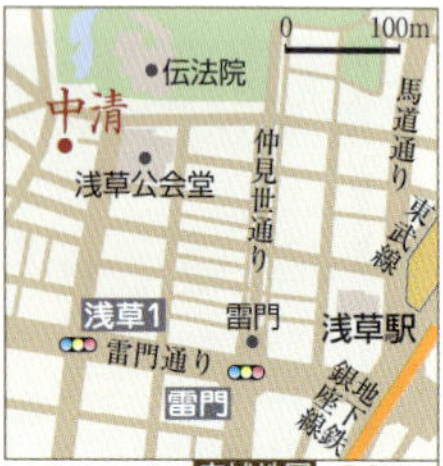

広域地図 P.255

台東区

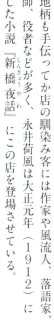

庭に臨む数寄屋造りの個室で
魚介類のみの江戸前天ぷらを

上）鯉が泳ぐ池を配した、風情ある中庭　下右）コース料理から穴子、才巻海老、きすなど5品。輪島塗のお重で出される　下左）個室は雪見障子越しに中庭の緑が眺められる

下右）店内には石燈籠とつくばいをあしらったコーナーも　下左）平日の昼の営業は、玄関を入った左手にあるテーブル席のみ

おしながき

天丼	2500円	特別定食	4000円
かき揚げ丼	3000円	上天丼	3000円
海老丼	2800円	祭コース	7500円
天麩羅定食	3000円	神輿コース	9000円
雷神揚げ定食	3000円	扇コース	1万2000円

＊消費税別

中清
なかせい

✆ 03-3841-4015

住 台東区浅草1-39-13
交 地下鉄浅草駅1出口から徒歩5分
営 11時30分～14時、17時～22時（土・日曜、祝日は11時30分～20時）休 火曜と第2・4月曜　喫 テーブル席は不可　個 あり　予算 2500円～

才巻海老２本、穴子、旬の魚や野菜など４種類の天ぷらが山盛りになった特上天丼

一番人気は特上天丼

天麩羅 葵丸進

（てんぷら あおいまるしん）

雷門通りに面して建つ鉄筋8階建ての大型店。1階と5階はテーブル席、2階はテーブル席と小上がり、3階は座敷の大広間、6〜7階には座敷の個室があり、合わせて５００席を数える。平日でも家族連れや観光客で一日中賑わい、正月や浅草寺の物日は満席になるというからすごい。一日の海老の消費量は飲食店としては日本一だそうだ。

創業は戦後すぐの昭和21年。当初の屋号は「丸進」といったが、同34年に初代の生家がある茨城県にちなみ、水戸徳川家の勢いにあやかろうと紋所の三葉葵の「葵」を冠して葵丸進に変えた。昭和41年には〝浅草が誇る味の殿堂〟のキャッチコピーでテレビコマーシャルを放映、一躍有名に。飲食店では初めての試みとして各方面から注目を集めたという。

丼つゆは仕込んでから2週間ほど寝かせ、継ぎ足しながら使う。天ぷら山盛りの特上天丼、浅草寺の山号から名付けた金龍《きんりゅう》かき揚げ天丼などの看板料理に創業時の味が受け継がれている。

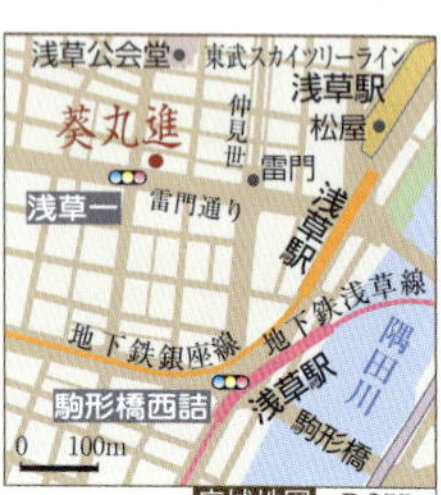

広域地図 P.255

観光客や家族連れなどで一日中賑わう浅草の人気店

上）穴子、海老、野菜など季節の味が楽しめる上天麩羅定食（3250円）　左）芝海老といかのかき揚げをのせた金龍かき揚げ天丼
下右）まるでホテルのフロントのような1階のロビー
下左）気軽に入れる1階のテーブル席

おしながき

特上天丼	2750円	金龍かき揚げ天丼	2560円
車海老天丼	2960円	寿司と天麩羅定食	2400円
海老天丼	1900円	天麩羅コース梅	4000円
大穴子天丼	2005円	天麩羅コース松	5000円
お子様天丼	1400円	お好み天麩羅	900円〜
天麩羅定食	2000円〜	天麩羅盛り合せ	1600円〜
金龍かき揚げ定食	2500円	日本酒（辛口・1合）	400円

＊消費税別

天麩羅 **葵丸進**
てんぷら あおいまるしん

✆ 03-3841-0110

住 台東区浅草1-4-4
交 地下鉄浅草駅1出口から徒歩2分
営 11時〜21時（日曜、祝日は11時〜20時）
休 第2・4月曜　喫 不可（喫煙所あり）　個 あり
予算 2000円〜

海老、はぜ、名物のかき揚げがのった天丼・上。天ダネは一年を通して変わらない

東京でもっとも古い天ぷら屋

雷門 三定

（かみなりもん さんさだ）

天保8年（1837）の創業は、東京の天ぷら屋では最古。屋号は初代・三河屋定吉の名前から2文字をとった。当初、店は人形町にあり、明治26年（1893）現在地に支店を開いた。その後本店は閉店。以後、三定の暖簾は、ここ浅草の店が守りつづけている。

特製の胡麻油で揚げる三定の天ぷらの見かけはやや黒っぽい。歯ごたえは軽く、口中に豊かな胡麻の風味が広がる。名物は大・中・小と3種類あるかき揚げ。小はふつうの大きさ、中は小の約3倍、大に至ってはなんと厚さ約10cm、直径30cmほどもあるビッグサイズだ。健啖家《けんたんか》であってもとてもひとりでは食べ切れないだろう。

店には、今でいう「オーナーシェフであること」という意味の家訓が伝わる。代々、店主自ら厨房に立つことで昔と変わらぬ味を提供。老舗といえどもおごりのない庶民的な雰囲気が愛されて、いつ訪れても観光客などで賑わっている。

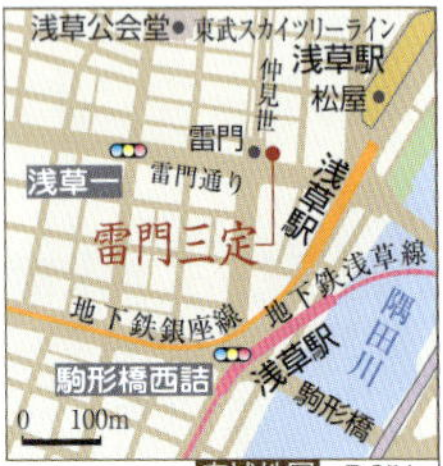

広域地図 P.254

店主自ら厨房に立って代々の江戸前の味を守る

左）季節ごとの食材を揚げる、月替わりの旬の天ぷら盛合わせ。写真はかき、海老、蓮根など7品

下）揚げまんじゅうは店頭でも売っている

上）本館2階の座敷。市松模様の襖が江戸好み
右）本館1階の庶民的なテーブル席

おしながき

天丼 …………… 並1460円・上1820円	アベック定食(2人前) ………… 6050円
中かき丼 ………………… 2500円	天ぷら …………………… 1700円〜
特上丼 ……………………… 2700円	旬の天ぷら盛合わせ ………… 3030円
海老特上丼 ………………… 3650円	大かき揚げ …………………… 4750円
特選定食 …………………… 9750円	揚げまんじゅう(1個) ………… 190円
定食	日本酒「黒鷹」(普通酒・1合) …… 450円
… 松7860円・竹6710円・梅6080円	日本酒「幻鷹」(冷酒・300ml) … 1100円

雷門 三定

かみなりもん さんさだ

✆ 03-3841-3400

住 台東区浅草1-2-2
交 地下鉄浅草駅1出口からすぐ
営 11時30分〜21時30分（LO） 休 年末年始
喫 可（時間帯分煙） 個 あり
予算 昼1500円〜 夜3000円〜

天然の活車海老、穴子、きす、めごちをこれでもかとのせた大入江戸前天丼。すべて天然もの

天丼のみで勝負する

まさる

（まさる）

アーケード街の新仲見世から北側へ一歩入った路地裏に「天丼のうまい店」と書かれた白い大きな幟《のぼり》がひるがえる。

「最近、なかなかいい材料が入らなくて」と、困惑した表情で話す店主の高崎義統《よしのり》さん。扱う魚介はすべて天然ものゆえに日によって仕入れる量が異なり、早仕舞いする日もしばしば。「せっかく来てくれたお客さんに、いいものを出したいから」と、数種類あった品書きも大入江戸前天丼一本に絞った。

高崎さんは早朝から築地へ出向いて眼鏡にかなったものだけを仕入れ、店に戻れば下ごしらえに余念がない。「手間隙惜しんじゃいけないよ。うちは、いい材料から先に出すから早めに来てよ」。開店前から行列ができるというのもうなずける。

店の創業は昭和22年。当時は食堂だったが、22歳のときから全国各地で和食の修業を積んだ高崎さんが昭和60年に2代目を継ぎ、天ぷら屋になった。屋号の「まさる」は店を始めた母親の名前だ。営業は昼間だけ、酒類は扱っていない。

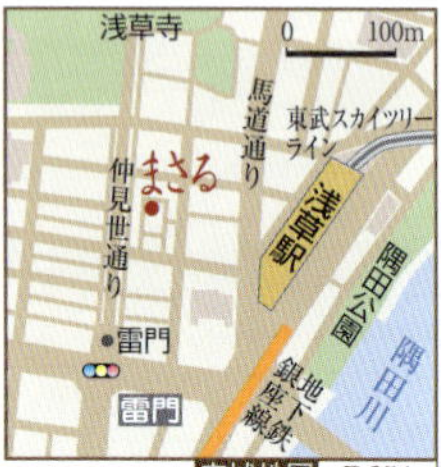

広域地図 P.254

とことん天然ものにこだわる
行列必至の人気店

上）ていねいに穴子をさばく主人の高崎義統さん
左）カウンターの上の壁には店を訪れた有名人の色紙がずらりと並ぶ　下）カウンターと小上がりの店内は14名でいっぱい。庶民的な飾らない造りだが、季節の花が心をなごませる

おしながき

大入江戸前天丼…3500円　　味噌汁…200円

まさる
まさる

✆ 03-3841-8356

住 台東区浅草1-32-2
交 地下鉄浅草駅1出口から徒歩2分
営 11時～14時（売り切れ次第閉店）
休 水・日曜、祝日　喫 不可　個 なし
予算 3500円～

平日の夜のコース。左からお通しのうにパン、ふきのとう、海老、あわび。天つゆと塩はお好みで

親子2代で営む

柳橋 大黒家

（やなぎばし だいこくや）

店は、神田川に架かる柳橋のたもとに建つ。1階で靴を脱いで上がると、2階の待合室に通される。神田川に停泊する屋形船や立ち並ぶ船宿など、窓の外の景色が眺められる和室でお茶をいただいたら、揚げ場のあるカウンター席へ。天重（昼のみ）を除き、天ぷらはすべてカウンターで揚げたてを出すのが、この店のスタイルだ。

昼は3代目の丸山雄三さんと奥さんの百《もも》子《こ》さんが切り盛りし、夜は2代目である父の雅三さんと母の芙《ふ》佐《さ》江《え》さんも加わって、親子2代の協力態勢を敷いている。

平日の夜は9種類の天ぷらにサラダ、デザートなど2品がつくコースのみ。お通しに出されるうにパンは、素揚げしたパンにうにのソースをからめた、創業当時からのオリジナルだ。5～9月のあわびの天ぷらや、11～2月の的矢湾産の生ガキを楽しみに訪れる常連客も多い。食後は再び待合室に戻り、デザートをいただきながらくつろぐ。

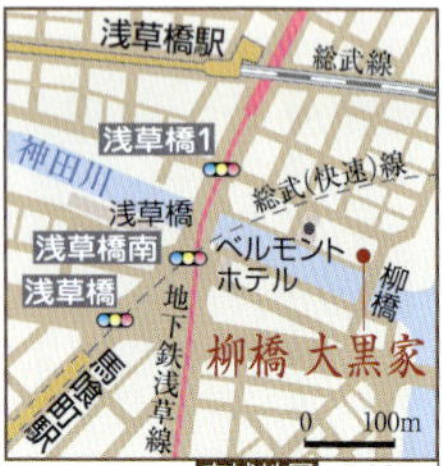

広域地図 P.238

屋形船と船宿が並ぶ柳橋で お座敷天ぷらに舌鼓

上）コースを締めくくる、かき揚げをのせた天丼。天茶、ご飯とかき揚げ、そばとかき揚げに替えることもできる　下）天ぷらは客の目の前で揚げてくれる。揚げているのは３代目の丸山雄三さん

上）神田川に浮かぶ屋形船と船宿、柳橋も見える和室の待合室　左）１階と２階をつなぐモダンなデザインの階段

おしながき

天ぷら定食(昼のみ) ………… 3500円

天丼(同) ………………… 2000円

土曜コース(昼と土曜のみ) …… 6500円

季節のコース ………… 1万2000円

ハーフコース(平日夜のみ) …… 7000円

日本酒「キンシ正宗」(京仕込・1合) …………………… 864円

日本酒「キンシ正宗」(冷酒・300ml) …………………… 1620円

シャンパン(ハーフボトル) …… 6480円～

ワイン(フルボトル) ………… 5400円～

＊消費税別

柳橋《やなぎばし》 大黒家《だいこくや》

✆ 03-3851-4560

住 台東区柳橋1-2-1

交 JR浅草橋駅東口から徒歩3分

営 11時30分～14時、17時～21時　休 日曜、祝日

喫 不可（喫煙所あり）　個 なし

予算 昼2000円～ 夜1万2000円～

海老2本、野菜3種、白身魚、海老のかき揚げと7品をのせたあかし天丼・上

さっくりした江戸前天ぷら

あかし

（あかし）

国際通りの雷門一丁目交差点角に建つ太鼓と仏壇の「岡田屋布施」の裏手、路地を入り込んだところにある鉄筋4階建て。店舗は2階までで、1階はカウンター席、2階はお座敷天ぷらが楽しめ、5～7名なら貸し切りで利用できる。

天ぷら油は、炒った胡麻を低圧力でゆっくり搾る〝玉締め絞り〟という昔ながらのやり方で製油した胡麻油に綿実《めんじつ》油を加えている。揚がった天ぷらは胡麻の香りが引き立ち、薄い衣はカラッとしていて、サクサクと歯ざわりがいい。抹茶塩や山椒《さんしょう》塩など、塩で味わうのがおすすめだ。

品書きは、昼は天丼と定食が各2種類、夜は4種類の定食とお好み天ぷら。夜の定食は、客の食べ方のころ合いを見計らって揚げたてを一品ずつ出すコース仕立て。1階は主人の川村務さんが、2階は川村さんと瓜二つの息子・直樹さんが担当。春は山菜、秋は松茸など、季節ごとの旬の天ぷらも豊富に揃う。トイレにおしぼりを置くなど、客への心遣いもこまやかだ。

広域地図 P.255

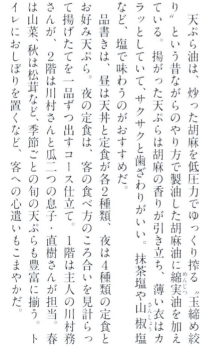

玉締め絞りの胡麻油を使い
薄い衣でカラッと揚げる

上）揚げたてを一品ずつ出す夜のあかし定食・粋。車海老、季節の魚と野菜など全部で10品。これに生野菜、播州そうめん、温泉玉子、ご飯、味噌汁、漬物、フルーツがつく　右）1階のカウンター席。色遣いが粋だ

右）壁の棚には年賀用にあつらえた特注の猪口が飾られている　左）1階のカウンターで天ぷらを揚げる主人の川村務さん

おしながき

〈昼〉
あかし天丼……竹1100円・上1400円
あかし昼定食……1200円
あかし中食膳定食……1800円
〈夜〉
あかし定食……粋5000円・通5500円・鰡脊《いなせ》6500円・風流9000円
天盛り合わせ・車海老盛り合わせ……各5000円
天ぷら盛り合わせ……6500円
日本酒（辛口・1合）……450円

あかし
あかし

✆ 03-3841-0788

住 台東区雷門1-16-1
交 地下鉄田原町駅3出口から徒歩2分
営 11時30分～13時、17時30分～22時　休 日曜
喫 不可　個 なし
予算 昼1200円～ 夜5000円～

夜のおまかせコースから海老、きす、ふきのとうなど。右はお造り

文人に愛された店

てん婦羅 天寿ゞ

（てんぷら てんすず）

中央通りに面して建つ鈴本演芸場の裏手にある。「おいしい料理を出すのは店として当たり前のことです。お客さまが店に入り帰るまでが、おいしいのうちですよ。ですから、日ごろから居心地のよい時間を過ごしてもらえるように心がけています」と、真剣なまなざしで語るのは3代目の鈴木康夫さん。

康夫さんは築地の料亭「やま祢」などで6年余り日本料理を学び、店に戻ってから天ぷらの修業に励んだという。今、天ぷらはほとんど彼が揚げている。天ぷら以外の料理を作る料理長の鈴木惣一郎さんは、神田明神下にあった料亭「花家」で修業を重ねた腕の立つ料理人。惣一郎さんの料理を目当てに訪れる客も多いそうだ。

創業は昭和3年（１９２８）。長谷川伸、山本荘八、村上元三ら多くの文人に愛され、店内に飾られている暖簾に彼らのサインが残されている。天ぷらは胡麻油主体で揚げる江戸前。昼は天丼、夜は揚げたてが味わえるおまかせコースが人気がある。

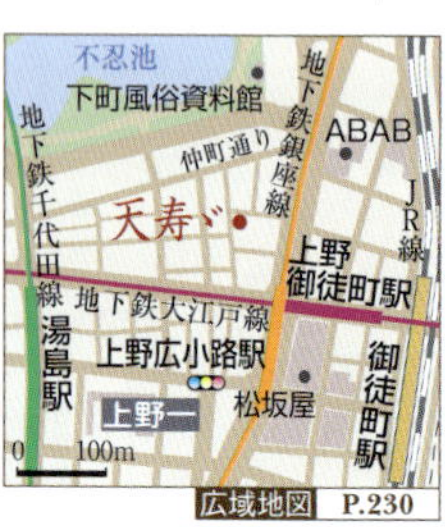

広域地図 P.230

修業を重ねた店主と料理長が納得の味と居心地を提供

左）海老2本、きす、穴子、なす、ししとうがのった上天丼は昼の人気メニュー　下）昼の天ぷら定食・寿は天ぷら8品にかき揚げとご飯、または天茶が選べる。写真は天茶

下）コの字形のカウンターは11席。店内は窓が多くて明るい。ほかに小上がりと個室がある　下右）伊藤晴雨が歌舞伎の助六のワンシーンを魚にもじって描いたユニークな絵が飾られている

おしながき

〈昼〉		〈夜〉	
上天丼	1728円	天ぷら A コース	4860円
特上天丼	2052円	天ぷら B コース	5940円
松定食	3456円	天ぷら御膳(昼も可)	6480円
梅定食	3996円	おまかせコース	8100円
寿定食	5076円	日本酒「菊正宗」(上撰・1合)	700円

てん婦羅 天寿ゞ

てんぷら てんすず

✆ 03-3831-6360

住 台東区上野2-6-7
交 地下鉄上野広小路駅3出口から徒歩1分
営 11時30分～14時、16時30分～21時　休 水曜
喫 不可　個 あり
予算 昼1800円～ 夜5000円～

8品の季節の味が楽しめる夜のから天から海老、しらうお、きす、そら豆、なす、海老のかき揚げ

一品ずつ出す定食が主体

天扶良からくさ

(てんぷらからくさ)

店主の清水雅則さんは40年ほど前のある日、たまたま茅場町《かやばちょう》を歩いていて、天ぷら店「稲ぎく」の前に無数の外車や高級車が停まっている光景を見た。「唖然《あぜん》としました。それがきっかけで天ぷら屋に憧れましてねぇ、稲ぎくの門を叩いたんです」。トラックのドライバーからの大転身だった。

平成8年、独立して今の店を持つ。「うちは高級店じゃないですよ。でも、味は負けません」。下町らしく応対は夫婦揃って気さく、かつ値段も手ごろだ。品書きはご飯と天ぷら、味噌汁、香の物がつく定食が中心。天ぷらは、揚げたてを味わってほしいと、昼も夜も一品ずつ出す。「本来は天つゆも塩も使ってほしくないんです。素材の味が生かされないでしょう。お客さんにも好みがあるのでお出ししていますが」。屋号は、ぐんぐん枝を伸ばす唐草のように商売が繁盛することを願ってつけた。「まだまだ繁盛しているとはいえません。まあ、私も家内ものんびりしてますから……」。奥さんの顔を見て、照れくさそうに微笑んだ。

広域地図 P.230

気さくな夫婦が営む
庶民的でリーズナブルな店

上）清潔な器で出されるお通しの穴子の白煮　右）人なつこい笑顔が素敵な店主の清水雅則さん
下）店内は縦に細長く、カウンターは10席　左）夜の定食のデザート。写真は求肥を小倉餡でくるんだ和菓子

おしながき

から天…………昼1404円・夜5076円	日本酒「賀茂鶴」（上等・1合）……756円
くさ天…………昼1728円・夜6480円	日本酒「賀茂鶴」（大吟醸冷酒・180ml）…………1620円
雅（昼のみ）…………2268円	ワイン（フルボトル）…………4860円
天扶良盛合せ（夜のみ）…………3996円	

天扶良からくさ
てんぷらからくさ

✆ 03-3872-3788

住 台東区下谷2-9-7
交 地下鉄入谷駅3出口から徒歩2分
営 11時30分～14時、17時30分～21時30分　休 月曜　喫 可　個 なし　予算 昼1500円～ 夜6000円～

大きな海老、穴子、いかのかき揚げ、ししとうをのせた、人気ナンバーワンの天丼・ロ

タネも味もちゃきちゃきの江戸前

土手の伊勢屋

(どてのいせや)

土手通り、吉原大門交差点の近くに店を構える明治22年（1889）創業の老舗。建物は昭和2年（1927）築の瓦葺き木造2階建てで、この一角だけ時間が止まっているようだ。檜の柱や床、格子戸、桜の梁、ケヤキの無垢材を使ったテーブルなど店内もレトロ。振り子が揺れる時計は昭和初期からこの店の一員だという。

屋号は初代の出身地から付けたが、創業当時「伊勢屋」という名の店が多かったため、近くにある吉原遊廓へ通じる山谷堀《さんやぼり》の土手にちなんで「土手の伊勢屋」とした。

天ぷらはもちろん東京湾産の魚介を揚げる江戸前。人気はイ・ロ・ハと3種類ある天丼。それぞれ天ぷらの数とタネがちがう。胡麻油にサラダ油を加えた油でカラリと揚げ、昔から継ぎ足して使っているコクのある丼つゆにさっとくぐらせてご飯にのせる。以前は夜も営業していたが、現在は昼のみ開店。1時間待ちもしばしばだ。

広域地図 P.233

戦災を免れた昭和初期の家で
辛口のつゆが決め手の天丼を味わう

上）店内の壁に掛かる、昭和２年当時の伊勢屋の写真

上）瓶のデザインは新しくなったが味は変わらないラムネ　左）３代目の若林喜一さん（手前）と５代目の谷原秋光さん

右）店内の造りも建築当時から変わらない　上）昭和９年ごろのサッポロビールのポスター（複製）も店内の雰囲気にぴったり

おしながき

天丼	イ1500円・ロ2000円・ハ2500円	天婦羅盛り合わせ	2500円
海老天丼	2400円	ラムネ	300円
お子様天丼	800円	日本酒（上撰・1合）	500円
天婦羅御飯	2700円	ワイン（ハーフボトル）	1200円

土手の伊勢屋

どてのいせや

✆ 03-3872-4886

住 台東区日本堤1-9-2
交 地下鉄三ノ輪駅3出口から徒歩8分
営 11時～14時30分
休 水曜、第４火曜　喫 不可　個 なし
予算 1500円～

COLUMN

都内随一の激戦区・浅草界わい

浅草寺門前町の浅草は、江戸時代に一気に発展し、食を含め庶民文化の中心的存在となった。特に近海でとれる小魚など江戸前の素材を揚げる天ぷらは、この町では欠かせない味。一帯には今でも100軒を超える天ぷらを出す店があり、江戸時代創業で東京の天ぷら屋では最古の「雷門 三定」（P174参照）を始め名店が揃う。

天丼の名店が味、ボリューム競う

なかでも知られた、昭和初期創業で作家・谷崎潤一郎ゆかりの「江戸平」は、残念ながら先年店を閉じたが、それ以外にも、誌面の都合で本文では紹介できなかったものの、実は味で知られる店がずらり。

まずは浅草寺前の伝法院通りにある、〝絶品天丼〟の店として有名な「大黒家天麩羅本店」。明治20年の創業時はそば屋だったが、天ぷらそばで人気を博し、ならばと明治末期に天ぷら屋に転身した老舗だ。海老が4本もある海老天麩羅もおすすめだ。

大黒家天麩羅本店

この西側の六区通り（ホッピー通り）の入口には、明治35年創業で、同じく〝天丼の名店〟の呼び声が高い「天藤」。向かいに建つ「天健」も、器に蓋ができないほどのボリューム満点のかき揚げ丼が名物だ。どちらも休日には行列ができるほどである。

天丼の名店で知られる天藤

ここから南のたぬき通り近くにあるのが、大正時代創業で4代続く「晴光」。5種類ある塩で味わうのが特徴で、ミシュランガイドの、星はつかないが手頃な値段で味わえる店をピックアップした〝ビブグルマン〟を連続受賞。近年は外国人客が多い。

国際通りに出ると、昔懐かしい店構えで90年の歴史を誇る「多から家」がある。ボリュームたっぷりの庶民的なメニューが揃うことで評判だが、なかでも大きな穴子などネタ盛りだくさんの江戸前天丼が人気。

少し離れた言問通りの「金泉」も、明治40年創業の老舗。割烹天ぷらの店だが、敷居はそれほど高くなく、ランチタイムには手頃な値段でボリュームのあるメニューが用意されている。

天ぷらも「お任せ」のそばの名店

浅草といえばそばの名店も多いが、前出の創業時はそば屋だった「大黒家天麩羅本店」のように、天ぷらでも人気の店も少なくない。代表する店のひとつが「満留賀」。明治28年創業の老舗で、天ぷらそばを注文する客が引きも切らないという。天丼や天ぷら定食、天ぷら盛り合わせの注文も多いそうだ。

雷門通りにある「尾張屋本店」も天ぷらが人気だ。同店は明治後期から昭和に活躍した作家・永井荷風がこよなく愛したという、浅草を代表するそばの名店で、大きな海老2尾が豪快に載った天ぷらそばが評判。さくさくの歯ごたえが魅力の天丼も好評という。

さらに浅草寺の北にある「弁天」は、地元の客が中心のそばと天ぷらの穴場的名店。もちろんそばは旨いが、ボリューム満点の天丼は知る人ぞ知る人気メニューである。（村田郁宏）

昔懐かしい雰囲気の多から家

浅草観音通りの満留賀

浅草のそば店を代表する尾張屋本店

コースから稚鮎、才巻海老、空豆。稚鮎の姿が愛らしく、箸をつけるのが惜しくなる

ミシュランガイド一つ星

天ぷら はせ川

（てんぷら　はせがわ）

銀座の名店「総本家 京都京星」で修業した長谷川忠彦さんが兄弟子から店を引き継ぎ、平成24年に開店した。その年に発行された「ミシュランガイド東京・横浜・湘南２０１３」で一つ星を獲得。以降も常連として名前を連ねる。献立はおまかせのコースのみで、必ず「この油で調理させていただきます」という挨拶を込めて、エビのすり身を挟んだひと口サイズの揚げパンから始める。旬の魚介類や野菜など17～18品の天ぷらが出されるが水と小麦粉だけで作る衣は薄く、４種類の油をブレンドした油の香り高さに女性でも完食してしまう。

アナゴ、ギンポウなど食材によっては天つゆを添えるが、基本は塩とレモン汁で味わう。これは「食材の味を楽しんでもらいたい」という店主の願いで、塩は沖縄の天然塩を２時間以上もかけ粉状になるまですり潰すそうだ。

コースの最後を飾るデザートも手作り。オレンジゼリー、くずきり、小豆の最中など、常時３種類を揃え選んでもらう。

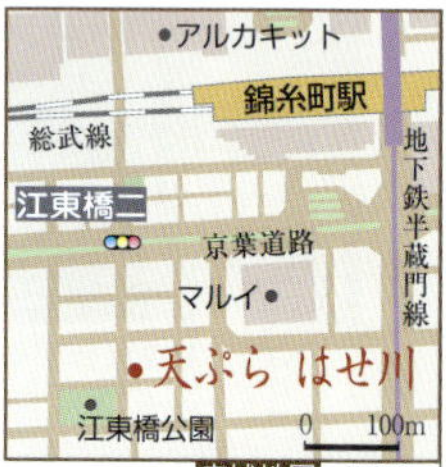

広域地図 P.241

雪のような塩とレモンで食す
名店仕込みの薄衣天ぷら

上）毎朝、築地市場に足を運び、自分が納得した食材を揃え、開始前に客に披露する　左）コースの食事に出される天茶。かき揚げには才巻海老を10本使う　下右）ご挨拶がわりのエビすり身揚げ。油のよさがわかり、その後の期待が膨らむ　下中）デザートのオレンジゼリー。コース全体の印象を左右する大事な一品だ　下左）店内はカウンター席のみ。店主の手際よい調理風景も楽しみだ

おしながき

コース……………… 1万3500円～
生ビール……………………864円
焼酎「九兵衛」（グラス）………972円
焼酎「不知火」（グラス）………864円
白ワイン「あさつゆ」（ボトル）
……………………1万6200円
赤ワイン「シーラーマルゴー」（ボトル）
……………………9720円
シャンパン
「モエ・エ・シャンドン　ブリュット
アンペリアル」（ボトル）…… 1万800円
梅酒「巨人」……………………864円

天ぷら《てんぷら》　はせ川《はせがわ》

✆ 03-3631-3927

住 墨田区江東橋2-7-10
交 JR 錦糸町駅南口から徒歩5分
営 17時30分～20時30分（入店）　休 日曜、祝日
喫 不可　個 なし
予算 1万5000円～

前菜、刺身4点盛り、牛ほほ肉のブレゼ、天ぷら6点盛りが味わえる夜のコース

ジャンルを超えた和洋料理

天ぷら割烹 天山

（てんぷらかっぽう　てんざん）

オーナーシェフの影山光世《かげやまこうせい》さんの経歴を聞くと、「料理に国境はない」という言葉が身に沁みて伝わってくる。高校卒業と同時に葉山の和食の名店に入社。和食一筋に生きるかと思いきや、当時の社長のすすめでアメリカに開店するイタリアンフレンチの店へ。その前にデザートを学ぶためケーキ屋での修業を経て渡米、7年間アメリカで腕を磨いた。ここでフレンチに目覚めた影山さん、単身フランスへ渡り、自分を売り込みながら星付きレストランを渡り歩く。その後、父親が平成4年に開いたこの店を継いで現在に至っている。和食人としては異色中の異色ともいえる経歴だが、「素材をおいしく仕上げるのに国境やジャンルは関係ないですよ」と笑う表情からは、幾多の試練と経験に鍛えられた確固たる自信がうかがえる。

カラッと揚げた天ぷらと並ぶ名物が「牛ほほ肉のブレゼ」。国産牛を5〜6時間弱火でゆっくり蒸し煮し、赤ワインソースで仕上げたスペシャリテ。ホロッととろける食感がクセになる。

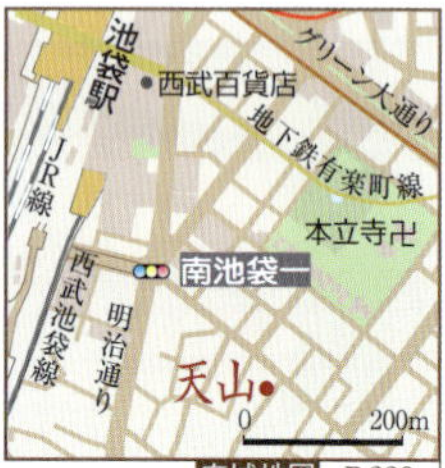

広域地図 P.229

異色の経歴の料理人が作る
天ぷらと牛ほほ肉のブレゼ

上）エビ２本、アナゴ、キス、野菜の天ぷら盛り合わせはごはんとセットで2100円　中右）箸できれるくらいやわらかい牛ほほ肉のブレゼ　中左）オーナーシェフの影山光世さん　下）個室と座敷は利用料金の10％の席料が必要

おしながき

〈昼〉

天丼	800円
上天丼	1100円
海老天丼	1100円
穴子天丼	1300円
鳥親子天丼	800円
天ぷら定食	950円

〈夜〉

牛ほほ肉のブレゼ	2200円
天ぷら盛り合わせ	1600円
お野菜天ぷら盛り合わせ	1200円
コース	5500円

天ぷら割烹《てんぷらかっぽう》 天山《てんざん》

✆ 03-3983-2262

住 豊島区南池袋3-16-12
交 JR池袋駅東口から徒歩８分
営 11時30分～14時（ご飯がなくなり次第終了）、18時～21時30分（LO）　休 土・日曜、祝日　喫 不可
個 あり　予算 昼800円～　夜4000円～

濃いめの丼つゆが食欲をそそる「てんどん」。巻海老２本、きす、野菜、海老かき揚げがのる

渋谷の歴史を見守ってきた老舗

てんぷら 天松 東横店

（てんぷら てんまつ とうよこてん）

昭和6年（1931）に渋谷円山町で創業。現在は東急百貨店東横店食堂街のほか、東横のれん街（テイクアウト専門）、日本橋店と3店舗を営業している。東横店は昭和29年11月、東急百貨店東横店8階にオープンしたお好み食堂に出店したのが始まり。当時9階には歌舞伎を上演する東横劇場があり、まだ慶応の高校生だった3代目市川團子（現市川猿翁丈）が母親の高杉早苗さんと一緒にたびたび来店していたという。

店のモットーは「旬の心を揚げる」。旬を逃さず、奇をてらわない、正攻法の天ぷらを志している。吟味された新鮮なタネ、代々受け継がれてきた確かな技術、心地よい接客などすべてに定評があり、さまざまな客層が訪れる百貨店内にあって不動の人気を築いている。

その日入荷した旬の野菜から好きなものを選べる定食は松・竹・梅・菊の4種類。そのほか、刺身や稲庭うどんがセットになった3種類のお膳も好評だ。

広域地図 P.245

著名人にも愛された
味よし接客よしの店

上）刺身２種、季節の天ぷら、小鉢や茶碗蒸しが付くお得なおすすめ膳　左）心を込めて天ぷらを揚げる高橋誠司店長　下左）和モダンで落ち着いた雰囲気の店内　下中）「松」の天ぷら盛り合わせの一例。天ぷら６品とご飯、味噌汁、香の物が付く　下右）コースの野菜はこの中から好みのものを選べる

おしながき

てんどん	2160円	四季膳	1512円
松	3780円	お造り膳	1728円
竹	2592円	稲庭うどんとてんぷら	1512円
梅	2160円	お好み天ぷら	648円～
菊	2376円	生ビール(中)	648円
おすすめ膳	1728円	日本酒「白鹿」(1合)	648円

てんぷら 天松《てんまつ》 東横店《とうよこてん》

✆ 03-3477-4584

住 渋谷区渋谷2-24-1 東急百貨店東横店西館9F
交 JR・地下鉄・私鉄渋谷駅から徒歩5分
営 11時～22時30分
休 不定休（百貨店に準じる）
喫 不可　個 なし　予算 600円～

人気の５種は大根、エビ、しいたけ、万願寺、レンコン。食材の旨みが閉じ込められている

ワイン片手に楽しめる天ぷらバル

喜久や

（きくや）

「天ぷらという日本ならではの食文化をカジュアルに楽しめ、そして世界に広げていきたい」というコンセプトで平成27年にオープンしたスタンディングスタイルの天ぷらバル。Ｕ字形のカウンターを中心にした店内はスタイリッシュに飾られ、女性でも入りやすい雰囲気を演出している。「高級イメージのある天ぷらの敷居を下げ、立ち飲み屋のグレードを上げた、今までにない店です」と今田悠吾《こんたゆうご》店長が話すとおり、目の前で揚げる天ぷらは１品１５０～４５０円とリーズナブル。天ぷらと相性抜群というポルトガルワインを片手に居酒屋感覚で楽しめる。海鮮や野菜の定番のほかパクチーのかき揚げやモンキーバナナなど、女性を意識した創作天ぷらも豊富だ。

調理に使うのは、まだ国内でも導入例が少ないエバートロン社の「Ｄｒ．Ｆｒｙ《ドクターフライ》」。油の中に電波振動を起こし、食材の水分をコントロールすることで旨みを密封するという最先端のフライヤーだ。口の中でとろける絹ごし豆腐の天ぷらは必食の一品。

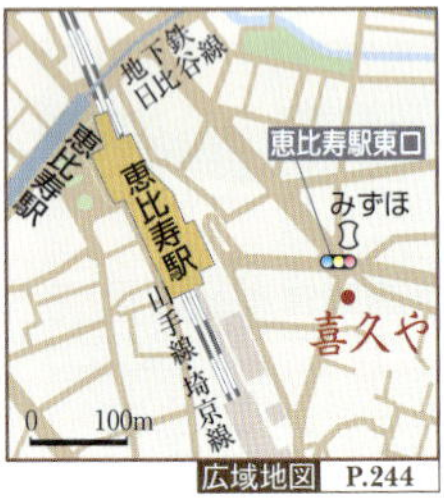

広域地図 P.244

女性同士でふらりと立ち寄れる スタンディングバル

左）本場スペインのバルを思わせるスタイリッシュな店内　右）最先端のフライヤー「Dr. Fry」を導入。油が飛ばないので店内もクリーン

下左）天ぷらの起源はポルトガルともいわれる。ポルトガルのワインとともに味わってみよう　下右）料理長の田邊賢一さん

おしながき

大根	216円	トマトとモッツァレラのカプレーゼ	216円
海老	324円	納豆きんちゃく	378円
烏賊	270円	パクチーのかき揚げ	486円
牡蠣	410円	元祖絹ごし豆腐	432円
万願寺	270円	ワイン（グラス）	540円
雲丹	486円	日本酒「櫻正宗 上撰」	410円～

喜久や《きくや》

✆ 03-5422-9077

住 渋谷区恵比寿4-6-1 恵比寿 MF ビル1F
交 JR 恵比寿駅東口から徒歩1分
営 16時～翌2時（月曜は～24時、日曜・祝日は～23時、いずれも1時間前 LO）　休 年末年始
喫 不可　個 なし　予算 2500円～

驚くほど甘い車海老、ほろっと軟らかい穴子、みずみずしいアスパラガス。丁寧な仕事が光る

誠実な仕事が生む一流の味

矢吹
（やぶき）

入った瞬間「いいな」と思う店がある。磨き込まれた店内は清潔で、店主が長年、料理とお客に注いできた愛情と誠実さが温もりとなって漂っているような、矢吹はまさにそんな店だ。

店主の矢吹恭一さんは銀座「天一」で19年間修業したのち昭和49年に独立した。キャリアは60年以上あるが、「毎日が真剣勝負。労力を惜しまず、気を入れて作っています」と語る。親子3代で通う常連客に、いつ来ても味が変わらないと言われるのもうれしいと笑う。お年寄りには食べやすく小さく切って出すなどの気遣いも忘れない。

矢吹さんが「自信があります」という車海老は、一番おいしい才巻《さいまき》と呼ばれるサイズのものを生きたまま仕入れ、注文を受けてから頭を取って揚げる。穴子は衣はカリッと、中はとろける軟らかさ。北海道産のばふんうにを海苔と大葉で巻いたうにの磯部巻き、三鷹市特産の東京新ぎんなんなど季節の味も楽しみ。店主好みの日本酒を各種揃え、左党にもおすすめできる。

広域地図 P.227

キャリア60年の職人が真剣勝負で揚げる逸品

上）口中でとろけ、磯の香りが広がるうにの磯辺巻きは塩とレモンでさっぱりと。東京新ぎんなんは粒が大きい　右）さりげなく一流品を飾る　右下）店主の矢吹恭一さん（右）と息子の優行さん　下）カウンター12席と4人掛けのテーブルが4つある

おしながき

〈昼〉
松……………………3500円
竹……………………4000円
梅……………………4500円
桜……………………5300円
特製天丼……………1700円
〈夜〉
松……………………3800円
竹……………………4300円
梅……………………4800円
桜……………………5700円
ビール（中瓶）………700円
日本酒「玉の光」（純米吟醸・1合）‥800円
日本酒「羽黒山」（純米大吟醸・同）
……………………1300円

矢吹《やぶき》

✆ 03-3334-0070

住 杉並区高井戸東3-28-24 ドムス高井戸1F
交 京王井の頭線高井戸駅から徒歩7分
営 11時30分～14時、17時～21時
休 水・木曜　喫 不可　個 なし
予算 昼1700円～ 夜3800円～

COLUMN

見田盛夫の「天麩羅の愉しみ」

天ぷらこそが江戸前

「これぞ東京」と思える料理は、天ぷら・すし・うなぎの三つだろう。ただ、すしとうなぎには関西風があり歴史も古い。天ぷらにも関西風と東京風があるが、東京風のいわゆる江戸前の天ぷらは東京でしか食べられないから、東京の唯一の郷土料理といっていいかもしれない。天ぷらは、南蛮船の渡来とともにスペインやポルトガルから日本にやって来た新しい料理である。当初は水溶きの小麦粉を野菜につけて揚げていたが、のちに江戸前の新鮮で豊富な魚介類を揚げるようになった。今ではすしと並んで日本を代表する料理の一つだ。

魚のすり身を揚げたもの（上方では天ぷら、関東ではさつま揚げという）、具材や衣に味つけしてある長崎風、綿実《めんじつ》油《ゆ》で白く淡泊に揚げた上方風と、天ぷらもさまざま。江戸風は具に小麦粉の衣をつけて胡麻油で褐色にからりと揚げ、天つゆに大根おろしを混ぜて食べるのが一般的だ。江戸前の天ぷらは香ばしく、食材の持ち味が生きている。

今でこそ高級料理に数えられる天ぷらだが、江戸時代の安永年間（1772〜81）ごろからしばらくは、屋台で供されていたという。新興都市・江戸には建設工事関係の人夫、諸国から集められ、また集まってきた職人、漁師など圧倒的に男性単身者が多く、立ち食い同然の屋台で手軽に腹を満たせるすし、天ぷらは、彼らには格好の料理だったのだろう。やがて食材のよさ、揚げる技術の確かさなどが求められるようになり、下って文久年間（1861〜64）には、身なりをととのえて行儀よくいただくお座敷天ぷらが登場している。

わたしの古い天ぷら体験に、折に触れてふと思い出す情景がある。あれは戦前の、まだ平和な時代だった。母に連れられて千駄木から市電に乗って水道橋で船に乗り換え、さらにどこかで船を乗り換えて、東京湾上で20人ばかりの人々と、晴れ渡った空のもと、漁師の網にかかる魚をその場で天ぷらにして食べた。若い母は楽しそうだった。長じて戦中は、もっぱら精進《しょうじん》揚《あ》げ。香りのよい新ごぼう、緑濃いどじょういんげん、なす、かぼちゃ、秋のさつま芋など、どれも本当においしかった。戦後、父に連れられて行った虎ノ門の天ぷら屋で、海老、きす、いかと次々に揚げてくれるのを、天つゆと大根おろしで食べたのが、私の本格的な天ぷら事始めだ。

泥鰌の名店厳選5軒

どぜう骨抜き鍋。たっぷりのねぎをのせて、ぐつぐつ煮込んでふうふう食べる

主人の役目は割下作りと下足番

どぜう飯田屋（どじょういいだや）

慶応年間（１８６５～６８）に現在地に茶店を構えたのが店の起こり。のち一膳飯屋に変わり、やがてどじょうの人気が高まるにつれ、明治の中頃にどじょう専門店として定着した。

「うちは代々、割下作りと下足番は店主の役目でして、今でもその家訓は生きてるんです」と語るのは、4代目の飯田龍生さん。初代からの味を継承しつつ、みずから先頭に立ってサービスに努めている。技を継ぐ5代目も活躍中だ。

永井荷風、高見順、遠藤周作らの文士、またエノケン（榎本健一）や伴淳三郎、渥美清など一世を風靡した喜劇人たちに愛され、なかでも荷風はことのほかこの店がお気に入りだった。昭和25年から33年ごろは毎日のように訪れて、いつも決まった席で柳川とぬた、それに銚子1本を飲んで帰ったという。

どじょうは今では数少ない、青森県や茨城県産の天然もの。平日の昼限定のどぜう汁ご飯は、若い人たちにもどじょうの味を知ってほしいからと、超破格のお値段だ。

広域地図 P.255

文人や喜劇人に愛された店は
今も天然ものしか使わぬ頑固さ

上）どじょうを気軽に楽しむならどぜう丼がおすすめ。どぜう汁は別料金　下右）日本酒の肴には、ぱりぱり歯ごたえのいいどぜう唐揚げを　左上）玉子でとじた柳川鍋はどじょう料理の定番　左下）2階の大広間。小さなどじょうを大きな部屋でいただく

おしながき

どぜう汁ご飯(平日の昼のみ)	600円	どぜう蒲焼	1900円
どぜう鍋定食(同)	2300円	どぜう丼	2000円
骨抜き鍋定食(同)	2400円	どぜう唐揚げ	880円
柳川鍋定食(同)	2400円	どぜう汁	300円
どぜう鍋	1750円	ぬた	950円
柳川鍋	1850円	日本酒「月桂冠」(1合)	620円
骨抜き鍋	1850円	日本酒「吉田蔵」(純米・グラス)	1000円

どぜう飯田屋《どじょういいだや》

✆ 03-3843-0881

[住] 台東区西浅草3-3-2
[交] つくばエクスプレス浅草駅A2出口から徒歩2分
[営] 11時30分～21時（LO）　[休] 水曜
[喫] 一部可　[個] あり
[予算] 昼600円～ 夜4000円～

江戸の味を伝える、丸どじょうのどぜう鍋。南部鉄の鍋に炭は備長炭を使っている

越後屋助七の名を継いで200年余

駒形どぜう

(こまかたどじょう)

江戸の大店《おおだな》を思わせる出桁《だしげた》造りの建物は、昭和39年の再建ながらすっかり古格を帯びて、いかにも享和元年(1801)創業の老舗にふさわしい。1階大広間は、大勢の客が一緒に座る昔ながらの入り込み席。2階には数寄屋風や掘りごたつの座敷があって、外観も店内も江戸情緒にあふれている。

店で用いる大分県宇佐《うさ》市院内《いんない》産のどじょうは、温泉で育てるため骨がやわらかく、安全性も高い。米は宮城県登米《とよま》産の無農薬栽培のひとめぼれ、味噌は江戸甘味噌と京都の赤味噌を合わせるなど、食材へのこだわりは並々ならない。

当主は代々越後屋助七を名乗り、現在は7代目。6代目の渡辺孝之さんは江戸文化の継承に力を入れた人として知られた。「うちには『丸どじょうだけを使うべし、暖簾を外に出すべからず、武道すべからず』という家訓があるんです。でも渋谷に支店を出し、骨を抜いたどじょうも使ってます」と笑っていたが、建物と味は昔ながらを守り、今も受け継がれている。

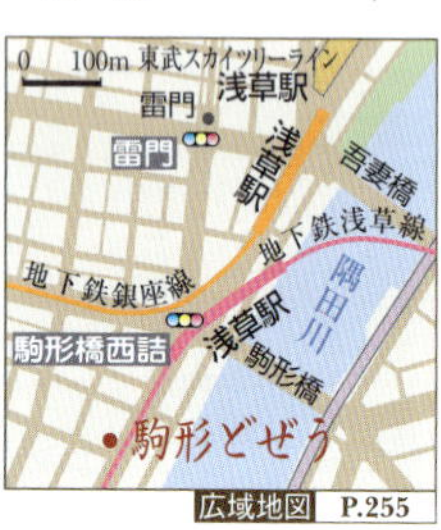

広域地図 P.255

建物もどじょうの味も
江戸の昔そのままに

左）7匹ほどをからりと揚げたどぜう唐揚げ　下上）代々の当主が味を守ってきたどぜう汁
下右）入り込みの大広間。床にじかに置いた、分厚い檜の一枚板のテーブルがおもしろい

下）静かに食事を楽しむなら、2階の掘りごたつの座敷がいい

おしながき

柳川鍋	1750円	どぜう汁	325円
どぜう鍋	1750円	どぜう唐揚げ	950円
柳川定食(昼のみ)	2600円	どぜういかだ焼き	1200円
鍋定食(同)	2600円	どぜう蒲焼き	1850円
どぜう定食	4350円	日本酒「伏見ふり袖」(本醸造・1合)	700円
雷門定食	4900円	日本酒「辛丹波」(冷酒・300ml)	1000円
駒形定食	7350円		

＊消費税別

駒形どぜう
こまかたどじょう

✆ 03-3842-4001

住 台東区駒形1-7-12
交 地下鉄浅草駅 A1出口から徒歩2分
営 11時～21時　休 無休
喫 可　個 あり
予算 昼3000円～ 夜4000円～

ドジョウを生きたままカラッと香ばしく揚げた唐揚げ。ほろ苦さが辛口の酒と合う

江戸っ子気分に浸って過ごす

浅草 たつみ屋

（あさくさ たつみや）

下町風情豊かな浅草にあって、江戸情緒あふれる木造の建物がひときわ目を引く。昭和22年（１９４７）に料理旅館として造られた建物はその後、骨董商と料理屋を兼ねた店になり、平成18年から現在の「たつみ屋」として営業している。座敷の囲炉裏や太い柱、梁など旅館時代の面影を残す店内は、まるで時代劇に登場する居酒屋そのまま。江戸っ子気分にどっぷり浸って、自慢の江戸前料理に舌鼓を打てる。

メニューはとにかく豊富。銘柄牛を使った名物のすき焼きやしゃぶしゃぶをはじめ、軍鶏やスッポンの鍋料理、ドジョウにアナゴ、旬の山海の幸を使った酒肴など50種類以上揃っている。

なかでも国産のドジョウを使った「どぜう鍋」はおすすめ。調理する直前まで生け簀で泳がして独特の臭みを抜いたドジョウを骨がやわらかくなるまで蒸しているので、丸鍋でも口の中でほろりととろけるようだ。また、生きたドジョウをそのまま油で揚げたどぜう唐揚は香ばしく酒のアテにぴったり。

広域地図 P.254

戦後70年の木造建築で
江戸前料理に舌鼓

上）特製だしで骨までやわらかく炊いたドジョウを笹がきゴボウとたっぷりの刻みネギで食べる「どぜう鍋」
上右）調理の直前まで生かしておく国産ドジョウ
下左）そのまま時代劇のロケに使えそうな風情ある店内。外国人観光客も多い
下右）関東式で食べるマグロすき焼き。マグロの脂が割下に溶け、野菜も美味

おしながき

浅草名物どぜう鍋……………丸1706円、
　開1814円
どぜう唐揚……………………1080円
マグロすき焼き………………8208円
どぜう柳川…　丸・揚1814円、開1922円
刺身盛り………………………3240円
特選松阪牛 すき焼き・しゃぶしゃぶコース
……………………………各2万5488円
鰻つけ焼き・白焼…………　各3024円
牛カツ…………………………1382円
天丼特上………………………2484円
鯛土鍋ごはん…………………3240円

浅草《あさくさ》 たつみ屋《たつみや》

✆ 03-3842-7373

住 台東区浅草1-33-5
交 地下鉄浅草駅1出口から徒歩2分
営 11時30分～22時（土・日曜、祝日は11時～）
休 無休　喫 16時以降可
個 なし　予算 2000円～

丸のままのどじょうをたっぷりのねぎで煮る、お決まり料理のどぜう丸鍋

多彩な料理とレアものの地酒

桔梗家 (ききょうや)

隅田川に架かる両国橋の東詰に鉄筋4階建ての店が建つ。店内へは靴を脱いで上がり、客席は1・2階にある。1階はテーブルを横一列に並べた小上がり風の座敷、2階には6〜10人収容の個室が2つあり、襖を外せば大広間として利用できる。

初代は千葉県行徳《ぎょうとく》の和菓子司・桔梗家で修業し、明治の末ごろに暖簾分けでこの地に和菓子屋を開業した。しかし時が下るにつれて売れ行きは減るばかり。転業を考えていた折、偶然近所のどじょう屋が廃業することになったという。職人も含めてその店を居抜きで譲り受け、屋号の桔梗家もそのままに、昭和8年（1933）にどじょう専門店として再スタートした。

3代目当主の堀木章夫さんが「今はどじょうだけでなく、鯉やうなぎも扱っています」というとおり、料理の品数は豊富。なかでも昼限定の柳川丼やうな丼がお値打ちだ。保平などレアものの地酒もある。店内には力士のサインや手形、番付、国技館の写真などが飾られ、相撲の町・両国を実感させてくれる。

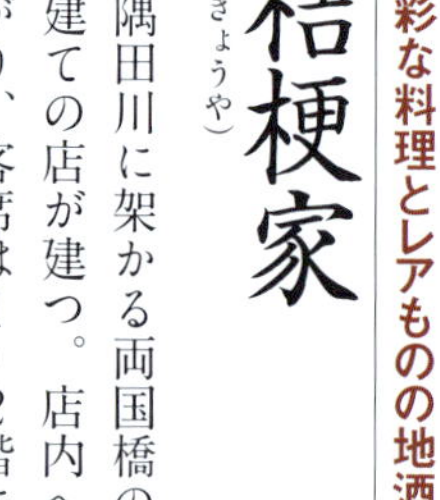

広域地図 P.241

和菓子屋からスタートした
異色の川魚料理専門店

上）鯉の洗いは酢味噌はもちろん、わさびをつけて食べるのもいい　下右）額の直筆サインと手形は右から旭豊・旭鷲山・旭天鵬

右）昼限定、味噌汁・小鉢・お新香つきの柳川丼はぐっとお値打ち

上）テーブルを細長く並べた小上がり風の1階席

おしながき

柳川丼(昼のみ)	1200円	かき鍋(冬のみ)	1300円
どぜう丸鍋	1200円	なまず鍋(冬のみ)	2000円
どぜうぬき鍋	1300円	どぜう汁	200円
柳川鍋	1300円	骨ぬき汁	400円
うな丼(昼のみ)	1300円	鯉の洗い	800円
うな重	1500円〜	日本酒「大関」(上撰・1合)	400円
うなぎ蒲焼き	1700円〜	日本酒(冷酒・グラス)	600円〜

桔梗家《ききょうや》

✆ 03-3631-1091

住 墨田区両国1-13-15
交 JR両国駅西口から徒歩3分
営 11時〜14時、16時30分〜21時　休 日曜、祝日（1月・5月・9月の大相撲東京場所開催中は日曜、祝日も夜のみ営業）　喫 可　個 あり　予算 昼1200円〜 夜4000円〜

ぬき鍋は開いたどじょうと割下、ねぎ、ごぼうが渾然一体、匂いと味のハーモニーを奏でる

ほろっと苦い、名物くりから焼き

ひら井（ひらい）

明治36年（1903）の創業以来現在まで、変わらず天然どじょう一本で商いをつづける。扱うどじょうは青森・茨城・千葉県産など。ところが3代目当主の平井太朗さんは、ちょっとユウウツそうな顔でこう話す。

「昔は、産地まで指定して問屋に注文したものなんですが。今は米を育てるとき、田んぼに化学肥料を撒くし、冬に水を張らなくなったでしょう。だから田んぼにどじょうが住めないんですよ。数が激減して、天然どじょうの確保は大変です。うちもそろそろ、輸入の天然ものか国産の養殖ものかなぁ」

さて、そんな貴重な天然どじょうを使う当店の名物が、どぜうくりから焼きだ。開いて頭と骨、肝と腸《わた》を残して串を打ち、たれにつけてこんがり焼いたもの。独特の苦みが日本酒によく合う。つまみならどじょうの天ぷらもいい。以前はどじょうひと筋だったが、今では「どじょう嫌いが増えたから」と、きす、あなごなど魚介の天ぷらもいろいろ揃う。

広域地図 P.254

創業以来100年余
どじょうは天然もの一本

上右）火を入れる前のぬき鍋。注文を受けてから活きどじょうをさばく
上左）どじょうに串を打つ平井さん　左）清潔な和の情緒にあふれた店は、小上がりとカウンターがメイン

右）意外なボリューム、オリジナルのどぜうくりから焼き　下）扁額の専門職人がこしらえた、堂々たる品書

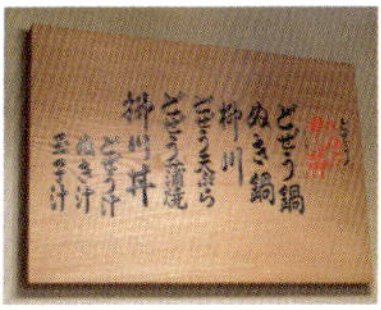

おしながき

どぜう鍋	2170円	きす天ぷら	1470円
ぬき鍋・柳川・柳川丼	各2280円	ぬき汁	550円
どぜう蒲焼き	2480円	どぜう汁	450円
どぜう天ぷら	1750円		
どぜうくりから焼き	1250円		
エビかき揚げ	1520円		

ひら井
ひらい

✆ 03-3622-7837

住 墨田区吾妻橋1-7-8
交 地下鉄本所吾妻橋駅 A1・A3出口から徒歩2分
営 11時30分～14時、17時～21時30分　休 日曜
喫 一部可　個 あり
予算 昼2500円～ 夜4000円～

COLUMN

見田盛夫の「泥鰌の愉しみ」

下町の味、どぜう

どじょう料理の店は、なぜかどこも橋のたもとにある。またなぜか私としては、食材としてのどじょうは「どぜう」と書くのが好ましいと思うのだ。

さて、そのどじょう。日本ならほとんど全国どこでも、ほかにアメリカ、カナダ、イギリスなどの淡水の池、沼、水路に棲息している。

日本人は古くからどじょうを食べてきたようだが、それが酒などを使う新しい調理法の発明により、美味なものとして、また江戸独自の専門料理として成立するのは、江戸時代の後期といわれる。駒形どぜうは享和元年（1801）から「どぜう」の看板を掲げている。すぐにやわらかく煮えるどじょうは、せっかちな江戸っ子たちの気質に合っていたのだろう。ひるがえって現在の東京では、店の数はわずかしかないものの、いつでもどの店も大勢の客で賑わっている。

私は下町育ちではないせいか、どじょうにはあまり親しみがない。戦後しばらく千葉県の茂原に暮らしたことがあるが、その地がどじょうの生産地として名高かったと聞いて驚いたのは、ずっと後のことだ。その土地では夏の夕暮れ、青白く眼を射るアセチレン灯とヤス（漁具の一種）を下げた人々が、青田の中に入ってゆく。聞くと、あれはどじょうを捕っているのだという。食料のないころで、母は頼んでどじょうを分けてもらい、ろくに料理法も知らぬまま食卓にのせ、箸をつけるのをためらう子どもたちに、「栄養になるのよ。だから食べてちょうだいね」と必死の面持ちだったことを思いだす。

後年、田舎の出身だが江戸好みの友人に下町探訪に引っ張り回され、彼の講釈と一緒にすし・天ぷら・うなぎ・そば・あんこう・どじょうなどを、少々閉口しながらも楽しんだことがある。そのときにどじょうはやわらかく、おいしいことを知った。のちにどぜう飯田屋、駒形どぜう、伊せ喜ほかの店を訪れた折も、これら老舗のしつらえや給仕してくれる人々の物腰、仕草、みんな気持ちよかった。そしてどぜう汁や、葱《ねぎ》をのせて割下で煮て食べるどぜう鍋、うなぎより淡泊な蒲焼、柳川鍋など、江戸の味とはこれか、と思ったものだった。

どぜう飯田屋（202頁）／駒形どぜう（204頁）

郊外の鰻の名店厳選6軒

鰻重(板東太郎)。養殖とはいえさすがブランドもの、身はくせがなく味わいも豊かだ

一椀で三度楽しいひつまぶし

満寿家

（ますや）

江戸時代末期、近隣の沼や川でとれるうなぎの料理が評判を呼び、今でもそんな伝統の味を継いでいる店が多い浦和。JR浦和駅近く、旧中山道に面して建つ明治21年（１８８８）創業の満寿家もその一軒だ。店内には気軽に利用できるテーブル席と大小８つの個室の座敷席がある。

九州産を中心に、利根川の天然うなぎに近づけるように育てられたブランドうなぎの坂東太郎《ばんどうたろう》を、昔ながらに備長炭で焼く。鰻重なら坂東太郎がおすすめだ。焼き色のいい蒲焼と、ご飯にもたっぷりかかったやや甘めのたれが、親子何代にもわたって訪れる常連客に親しまれている。

ここ10年ほどは、名古屋名物を満寿家風にアレンジしたひつまぶしが、すっかり人気を集めている。ご飯に混ぜ込むため蒸さずに焼いたうなぎの歯ごたえと、３通りの食べ方を楽しめるのがいい。鰻あらいや鰻天麩羅ほかひと工夫加えた一品料理、またコース料理も揃う。

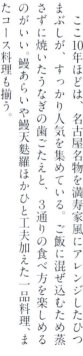

関東有数のうなぎの名所で伝統の味を連綿と受け継ぐ

左）好評のひつまぶし。蒲焼をご飯と混ぜて、1杯目はそのまま、2杯目は薬味を添えて、3杯目はだし汁をかけてと3通りに楽しむ
下）新鮮な身の薄切りを、酢味噌やわさび醤油でいただく鰻あらい

左）高級感あふれる和風の個室は美しく静謐な空間だ　下）鰻天麩羅は身が厚く、穴子よりもずっともっちりした食感が特徴

おしながき

鰻重‥‥‥並2700円・板東太郎5200円・天然鰻時価
ひつまぶし‥‥‥‥‥‥‥‥‥‥3600円
蒲焼・白焼(上)‥‥‥‥‥‥‥各2950円
きも焼‥‥‥‥‥‥‥‥‥‥‥‥850円
うざく‥‥‥‥‥‥‥‥‥‥‥‥1150円
鰻あらい‥‥‥‥‥‥‥‥‥‥‥1750円
鰻天麩羅‥‥‥‥‥‥‥‥‥‥‥2100円
鰻づくしミニコース‥‥‥‥‥10500円
満寿家セット(食堂のみ)‥‥‥4150円
生ビール(中)‥‥‥‥‥‥‥‥‥700円
＊座敷はサービス料10％別

満寿家
ますや

✆ 048-822-1101

住 埼玉県さいたま市浦和区岸町7-1-3
交 JR 浦和駅西口から徒歩6分
営 11時～15時、17時～21時
休 月曜（祝日の場合は翌日）　喫 可　個 あり
予算 昼2700円～ 夜4000円～

「浜名湖産随一」と自負するうなぎをのせた、芳醇なうな重(楓)。ご飯はしっかり粒が立っている

うなぎのために井戸を掘る

鰻 十和田
(うなぎ とわだ)

創業は戦後間もない昭和22年。以後60年ほどもつづいてきた店を、現当主で3代目の星野吉昭さんが、みずからが理想とするコンセプト「味と空間」を形にするべく、平成16年に大リニューアルした。「味」でいえば、たとえば浜名湖ぴか一の養《よう》鰻《まん》場から届くうなぎのために、客の注文が入るまでうなぎを活かしておく井戸を掘ってしまったほど。その名品うなぎを備長炭で白焼きし、夏は15～20分、皮が厚い冬場は20分以上かけて蒸す。まろやかでしかもさらりと切れ味のいいたれは、うなぎにしっくりとからんで食べるほどに箸が進む。米は「お米マイスター」が厳選した、新潟県産のコシヒカリだ。こうした、食材を見極める目、手間や時間を惜しまない姿勢がより深い味わいを生み、十和田の料理として器の中に結実する。

一方「空間」は、まず「憩う」ことに第一義を置いた、ゆったりと天井が高く、木を多用したしっとりと和風の造り。名家のお屋敷にお呼ばれした気分で食事を楽しめる。

当主の理想を形にした「味」と「空間」を楽しめる店

左）高い天井とゆったり贅沢なテーブル配置の1階席。これなら憩えます　下右）さっぱりしたうざくは酒の肴に　下左）創業以来使っているたれにつけた自慢のうなぎが、炭火にあぶられて色よく焼ける、香ばしさが匂い立つ

上右）う巻きはふんわり上品な味わい　左）専任調理師が作る会席料理昼のコース・牡丹の一部。手前六角鉢の煮物から時計回りに先付、揚物、デザート

おしながき

うな重……… 柳2800円・桜3500円・楓4200円	う巻き………………………2200円
天然うなぎ………時価(4000円前後)	肝焼(1本)…………………700円
蒲焼・白焼……………上各2500円・特上各3200円	昼のコース・牡丹……………5000円
いかだ……………………5000円	会席料理………………6000円～
	持ち帰りうな弁…………2600円～

＊個室は使用料10%を加算

鰻 十和田

うなぎ とわだ

✆ 048-251-6724

住 埼玉県川口市栄町3-3-10
交 JR川口駅東口から徒歩4分
営 11時30分～14時(LO)、16時30分～20時30分(LO)
休 月曜（祝日の場合は翌日）　喫 一部可　個 あり
予算 昼2800円～ 夜3500円～

大皿に蒲焼と白焼、角皿にう巻きなど前菜３品、ほかにうざくなどが並ぶ大和田定食

ダテに待たせるわけじゃない

鰻 大和田（うなぎ おおわだ）

JR柏駅西口交差点近く、国道6号線沿いのビルの1階にあり、丈《たけ》高い連子格子《れんじごうし》の、高級感あふれる外壁が目を引く。店内も連子格子を多用した粋な造りながら、お値段は手ごろだ。

大和田の創業は明治26年（１８９３）。当初は東京・有楽町に店を構え、のちに何軒かの支店を張ったが、現在は新橋を本店に、都内にもう1店舗。ここ柏の店もその暖簾を受け継ぐもので、現当主の梅沢博さんは平成11年に当地に店を開いた。

うなぎは、高級養殖うなぎの代表格・坂東太郎《ばんどうたろう》を使い、注文を受けてからさばくため仕上がるまでに40分ほどかかる。

「うなぎをよりおいしく食べていただくために、ちょっと時間を頂戴しております」と梅沢さん。さらに、新潟県産のコシヒカリを炊くご飯は「うなぎを調理している間に人数分だけ炊いて、うなぎもご飯も作り立てをお出ししています」という。

6月～11月には利根川産の天然ものも味わえる（時価・入荷次第）から、うなぎ好きには目が離せない。

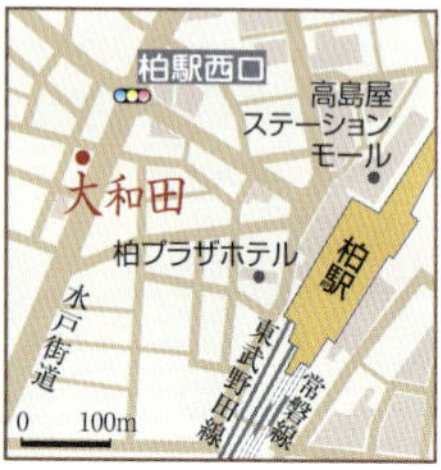

待たされるのも楽しみな
焼きたて、炊きたて

上）うざくはレモンを搾りかけてさっぱりといただく

上）連子格子のパーテーションが粋な、清々と明るい店内　左）鰻とトマトのサラダは、蒲焼用のたれがベースのオリジナルドレッシングが新鮮

おしながき

鰻玉丼	1600円	大和田定食	4000円
得々鰻丼（昼のみ）	1850円	うざく	750円
鰻重	2600円	鰻とトマトのサラダ	750円
蒲焼定食・白焼定食	各2800円	日本酒（1合）	500円～
大串鰻重	3000円	焼酎（グラス）	400円～
大串蒲焼定食	3200円		

＊消費税別

鰻《うなぎ》 大和田《おおわだ》

✆ 04-7144-5252

住 千葉県柏市明原1-7-1
交 JR 柏駅西口から徒歩5分
営 11時10分～14時（LO）、17時～20時（LO）
休 月・火曜（祝日の場合はいずれも営業）
喫 不可　個 なし　予算 昼2000円～ 夜3500円～

1kgほどもある利根川の下りうなぎの半身を使う、天然うな重

大利根の川の幸を多彩に

天然うなぎ たべた

(てんねんうなぎ たべた)

うなぎやしじみ、川がになど、豊かな利根川の幸を楽しめる家庭的な食事処。うなぎは坂東《ばんどう》太郎《たろう》はじめ全国各地の良質な養殖もののほか、天然うなぎが1月中旬ごろから3月上旬にかけて、また8月下旬～11月下旬には、日本一と称される利根川の下りうなぎが卓上を賑わせる。レアものの天然うなぎと聞けばふところが心配だが、いずれも地元の漁師から直接仕入れるため、値段は手ごろといえる。もっと気楽に味わいたいなら、養殖うなぎのうな丼やうな重を。鯉やしじみの料理も自慢の味だ。

店主の多部田康宏さんは、滋賀県の料理旅館・あみ定で日本料理の腕を磨き、静岡県浜松市の八百徳本店でうなぎ料理を習得。さらに天ぷら、すし、焼肉など通算13年ほども修業に明け暮れて、料理のレパートリーを増やしたという。「家族連れでも楽しめるよう、ラーメンやハンバーグ、カツ丼もあります」と笑う多部田さん。冬には近くで捕れる鴨を使う鴨鍋が人気だ。

日本一の利根川の天然うなぎを
ふところにやさしいこの値段で

上）しじみ定食は酢の物もかき揚げもしじみづくし　左）特選うな重。目と舌に訴えてくるこの照りのよさ

右上）一日15食限定、川ガニのみそ汁。珍味です
右下）しじみ丼はヘルシー志向の女性にぴったり　左）客席はすべて畳にテーブルを並べた座敷席。窓が広い

おしながき

うな丼	1600円	天然うな重	上6400円
うな重	2480円	天然うなぎの天ぷら	780円
坂東太郎うな重	3000円	しじみ丼	850円
特選うな重	3400円	しじみ定食	1980円

天然うなぎ たべた

てんねんうなぎ たべた

☎ 0478-86-0808

住 千葉県香取郡東庄町笹川い4716
交 JR笹川駅からタクシー5分
営 11時～14時、17時～20時　休 水曜夜と木曜
喫 可　個 なし
予算 2000円～

うなぎもご飯も焼きたて、炊きたてがうれしいうな丼

「基本に忠実に」が人気の秘密

割烹蒲焼 わかな

（かっぽうかばやき わかな）

創業明治5年（1872）、関内駅近くに玄関周りを黒で統一した重厚な造りの店を構える、横浜市内きっての老舗。2階にテーブル席、3階に座敷がある。

多くのファンを集める人気の秘密は「基本に忠実に、うなぎもご飯も作り置きしないことです」と、6代目に当たる橋本隆さん。父である5代目当主・進さんと店を守るが、基本に忠実な姿勢が半端ではない。行事の有無や気温などのデータを添えて毎日の来客数を年ごとに蓄積し、これをもとにその日の時刻ごとの来客数を予想する。割いてから焼き上がるまで1時間かかるうなぎ、ひと釜（3升）炊くのに30分かかるご飯、いずれもこの予想数に合わせて準備を始める。15人ほどの板前がそれぞれの持ち場を固め、客はいつでもできたてを味わえる。

愛知県三河産がメインのうなぎを備長炭で焼いたうな丼は、ふっくらした身に合わせたあっさり味のたれがいい。口かわりや酢の物、お刺身など酒肴も充実している。

超綿密なデータをもとに
いつでもできたてを提供

日本料理専門の板前が作る、盛りつけもみごとな口かわり６種

上）じゅんさいの酢の物は舌にさっぱり。酒の肴に　左）窓を大きく取って明るい３階の座敷

おしながき

うな丼	2700円	酢のもの	1840円
やきとり丼	1730円	口かわり	1620円
上蒲焼	5700円	やきとり	1620円
上うな重	4300円	おさしみ	2800円
うなぎ蒲焼定食	7500円～1万2000円	清酒(1合)	560円
きも吸	380円	ビール(中)	620円
おつまみ	650円		

割烹蒲焼 わかな

かっぽうかばやき わかな

✆ 045-681-1404

住 神奈川県横浜市中区港町5-20
交 JR関内駅北口から徒歩3分 営 11時～21時（LO） 休 1月の第3水曜、2～6月と9～11月の第1･2･3･4水曜、7･8月は各月2回水曜不定休(水曜が祝日の場合は営業)、12月の第1水曜 喫 一部可 個 あり 予算 昼夜とも3000円～

しっかり焼かれて、照りも匂いも申し分ないうなぎを鰻重定食で

懐かしの昭和レトロが薫る店

蒲焼割烹 菊家
（かばやきかっぽう きくや）

創業は明治23年（１８９０）ごろ。終戦後当地に店を構え、以来地元の人たちに愛されてきた。天井が高い現在の建物は昭和20年代後半の建築といい、レトロな雰囲気にあふれている。

包丁を握るのは、上野・伊豆栄ほか各種和食店で9年間修業し、平成12年に店に戻った5代目当主・川崎朋之さん。「基本を忘れず、日々の積み重ねを大切にしたい」という。

静岡県産がメインのうなぎは、それぞれの性質《たち》に合わせて1匹ずつ蒸し方を変える。長年つぎ足して使っている相伝のたれは、たくさんのうなぎの脂が溶け込んでまろやかだ。やや甘めのしっかりした味が、硬めに炊いたご飯、丁寧に焼いたうなぎにしっくりとからむ。自慢のうなぎは、鰻重定食や蒲焼で。それぞれの値段の差はうなぎの大きさによる。

酒の肴なら、ほかにも、季節によって内容が変わる旬の刺身や酢の物など一品料理もある。漬物もおいしく、玉子重などを食べられる気さくさもいい。

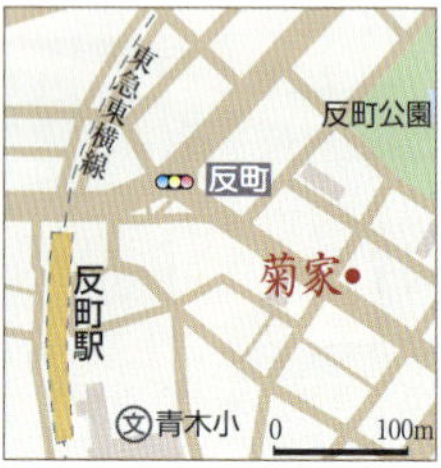

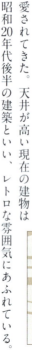

謙虚な姿勢の当主が「日々これ大事」に暖簾を守る

上）肩の凝らない家庭的な雰囲気の店。箸も酒も進む　下左）謙虚な姿勢で伝統の味を守る５代目・川崎朋之さん　下右）彩りよく旬を盛った季節の刺身盛り合わせ

おしながき

- 鰻重定食・蒲焼 ‥‥ 各1950円・2680円・3240円・3890円
- 玉子重 ‥‥‥‥‥‥‥‥ 864円
- 親子重 ‥‥‥‥‥‥‥‥ 1080円
- カツ重 ‥‥‥‥‥‥‥‥ 1296円
- きも吸 ‥‥‥‥‥‥‥‥ 162円
- 漬物 ‥‥‥‥‥‥‥‥ 540円
- 季節の刺身各種 ‥‥‥‥ 時価
- 清酒(1合) ‥‥‥‥‥‥ 648円
- 生酒 ‥‥‥‥‥‥‥‥ 1512円
- ビール(大) ‥‥‥‥‥‥ 864円

蒲焼割烹《かばやきかっぽう》 菊家《きくや》

✆ 045-322-4141

住 神奈川県横浜市神奈川区反町1-7-4

交 東急東横線反町駅から徒歩３分

営 11時30分～14時、16時30分～20時　休 日曜

喫 不可　個 あり

予算 昼夜とも2000円～

広域図索引

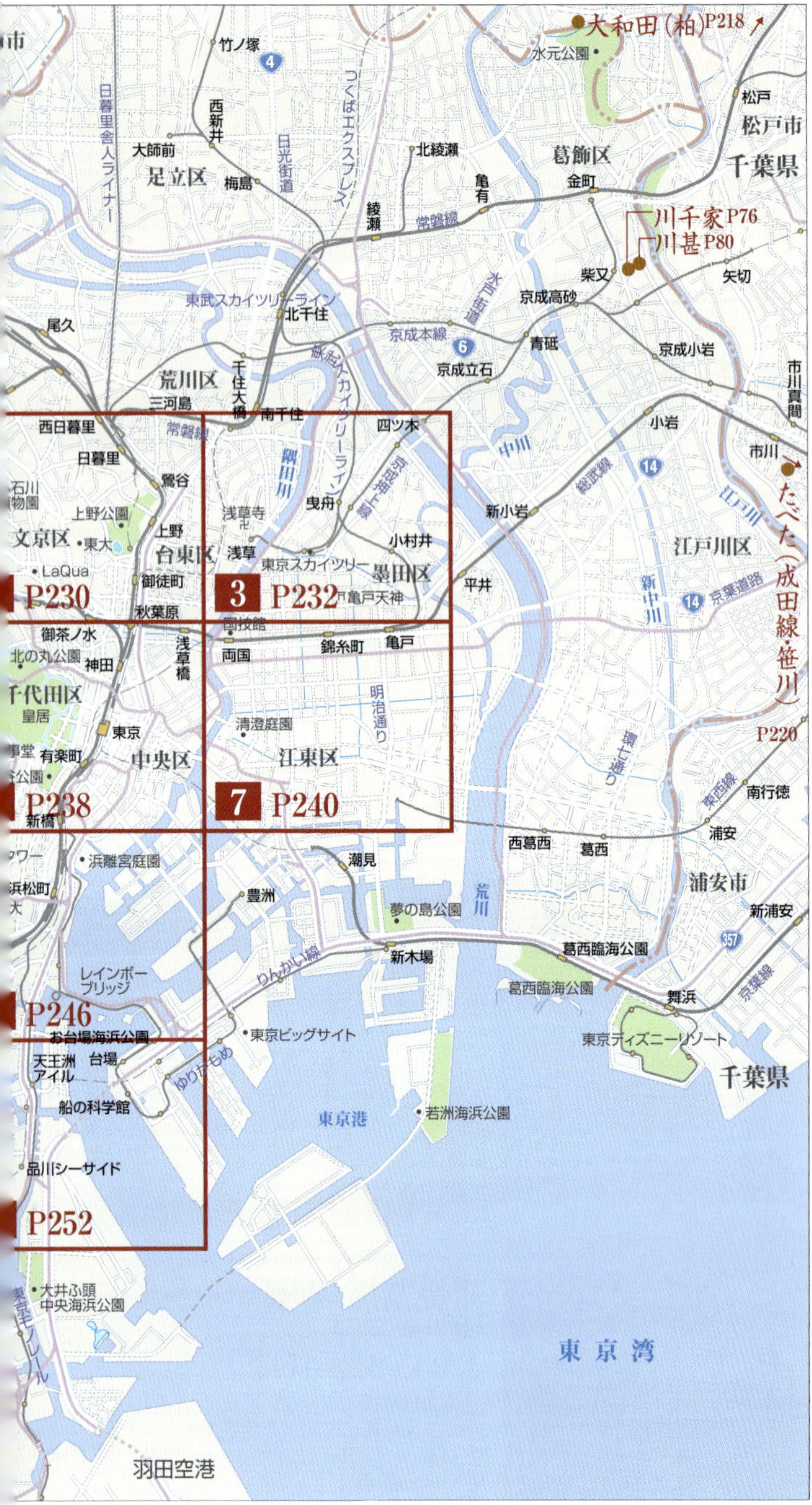

1:140,000 0 5km
地図の方位は真北です

広域図索引

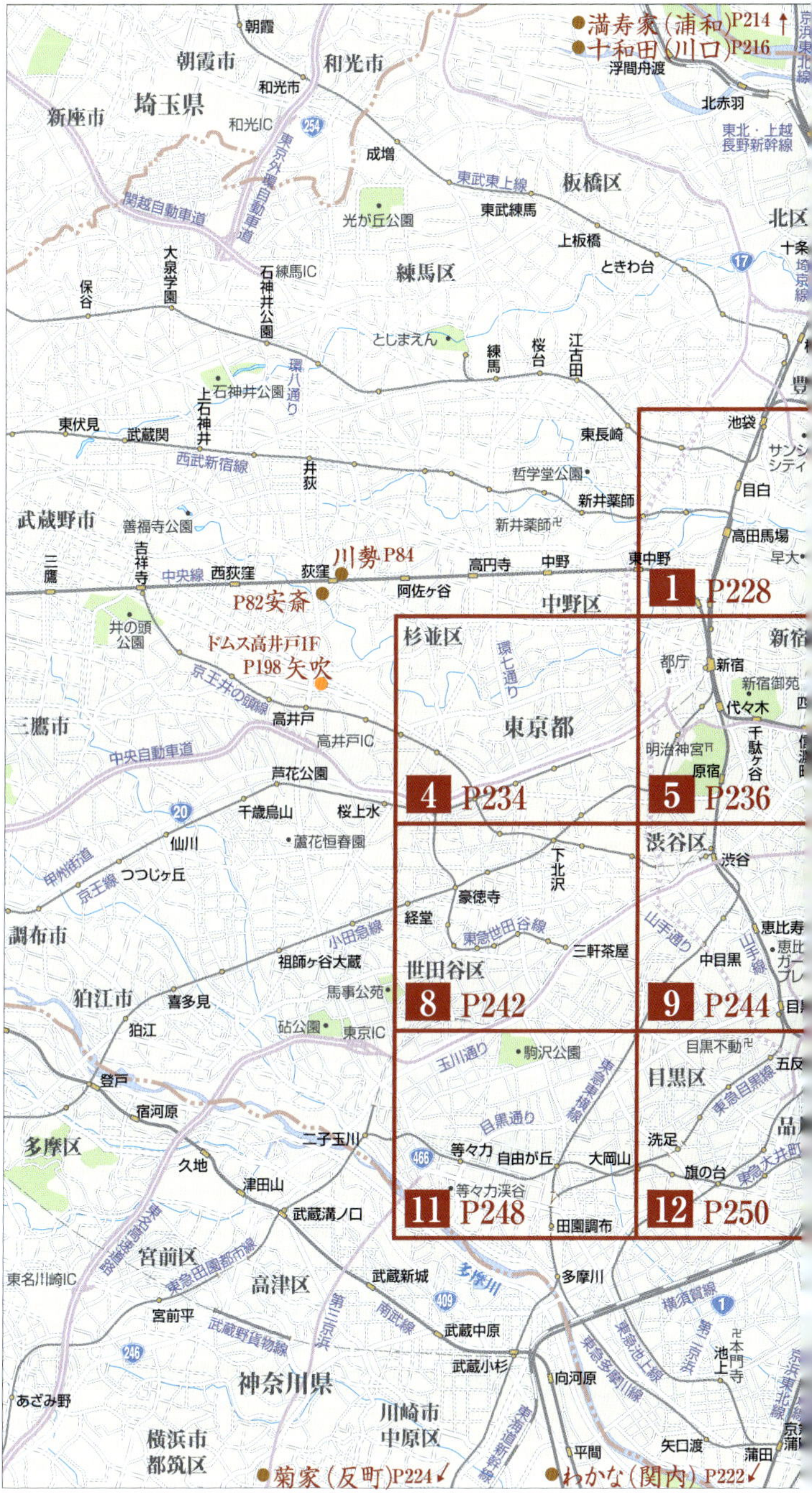

●うなぎ　●天ぷら　●どじょう

1 池袋・高田馬場

1:22,500　0　500m

地図の方位は真北です

1 池袋・高田馬場

●うなぎ　●天ぷら　●どじょう

2 上野・湯島・本郷・水道橋

1:22,500　0　500m
地図の方位は真北です

2 上野・湯島・本郷・水道橋

●うなぎ ●天ぷら ●どじょう

1:22,500

0 500m

地図の方位は真北です

都電荒川線
三ノ輪橋駅
尾花P94
南千住駅
常磐線
荒川区
大関横丁
三ノ輪駅
泪橋
明治通り
東京ガス
白鬚橋
白鬚橋西詰
東盛公園
玉姫公園
昭和通り
日比谷線
つくばエクスプレス
土手通り
土手の伊勢屋 P186
鷲神社
吉野通り
台東区
国際通り
馬道通り
富士公園
リバーサイドスポーツセンター
P254·255
言問通り
首都高速
隅田公園
花やしき
230
どぜう飯田屋
浅草駅
浅草寺
うなぎ さんしょ
ROX
中清
小柳
まさる
たつみ屋
言問橋
隅田公園
向島三
やっこ
あかし
葵丸進
雷門
浅草駅
とうきょうスカイツリー駅
雷門三定
吾妻橋
墨田区役所
東京スカイツリー
銀座線
田原町駅
初小川
浅草駅
駒形橋
ひら井
浅草通り
本所吾妻橋駅
前川
駒形どぜう
寿三
蔵前駅
隅田川
清澄通り
江戸通り
JT
厩橋
本所一
春日通り
本所三
蔵前駅
若宮公園
三ツ目通り
大横川親水公園
蔵前二
都営浅草線
都営大江戸線
蔵前橋
蔵前橋通り
慰霊堂
日進公園
241
旧安田庭園

●うなぎ　●天ぷら　●どじょう

4 明大前・中野坂上

1:22,500　0　500m

地図の方位は真北です

4 明大前・中野坂上

243

●うなぎ　●天ぷら　●どじょう

5 新宿・四ツ谷・原宿

1:22,500　0　500m

地図の方位は真北です

5 新宿・四ツ谷・原宿

●うなぎ　●天ぷら　●どじょう

6 神田・銀座・霞が関

1:22,500

0 500m

地図の方位は真北です

6 神田・銀座・霞が関

●うなぎ　●天ぷら　●どじょう

7 両国・錦糸町・深川

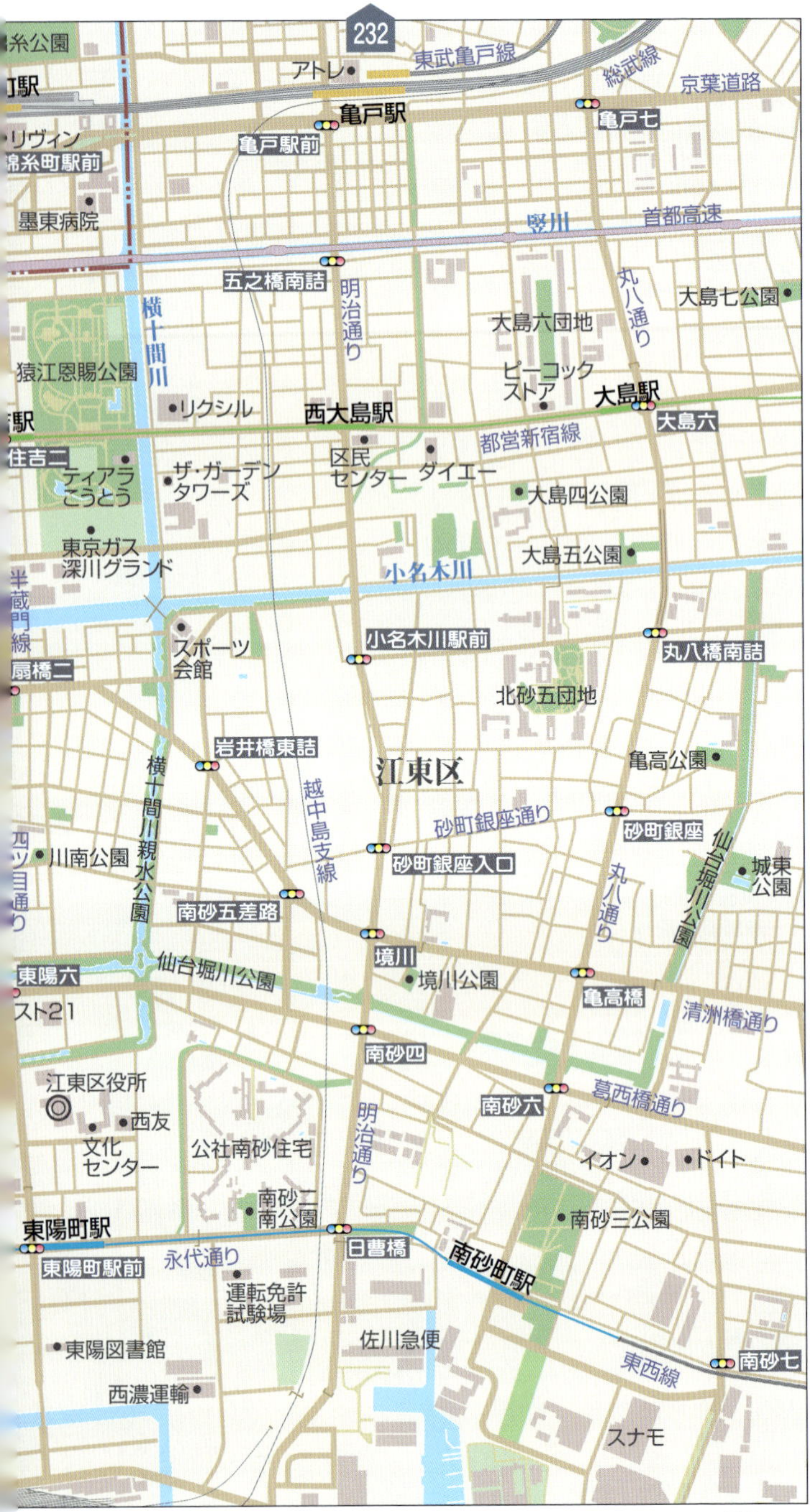

1:22,500　0　500m

地図の方位は真北です

7 両国・錦糸町・深川

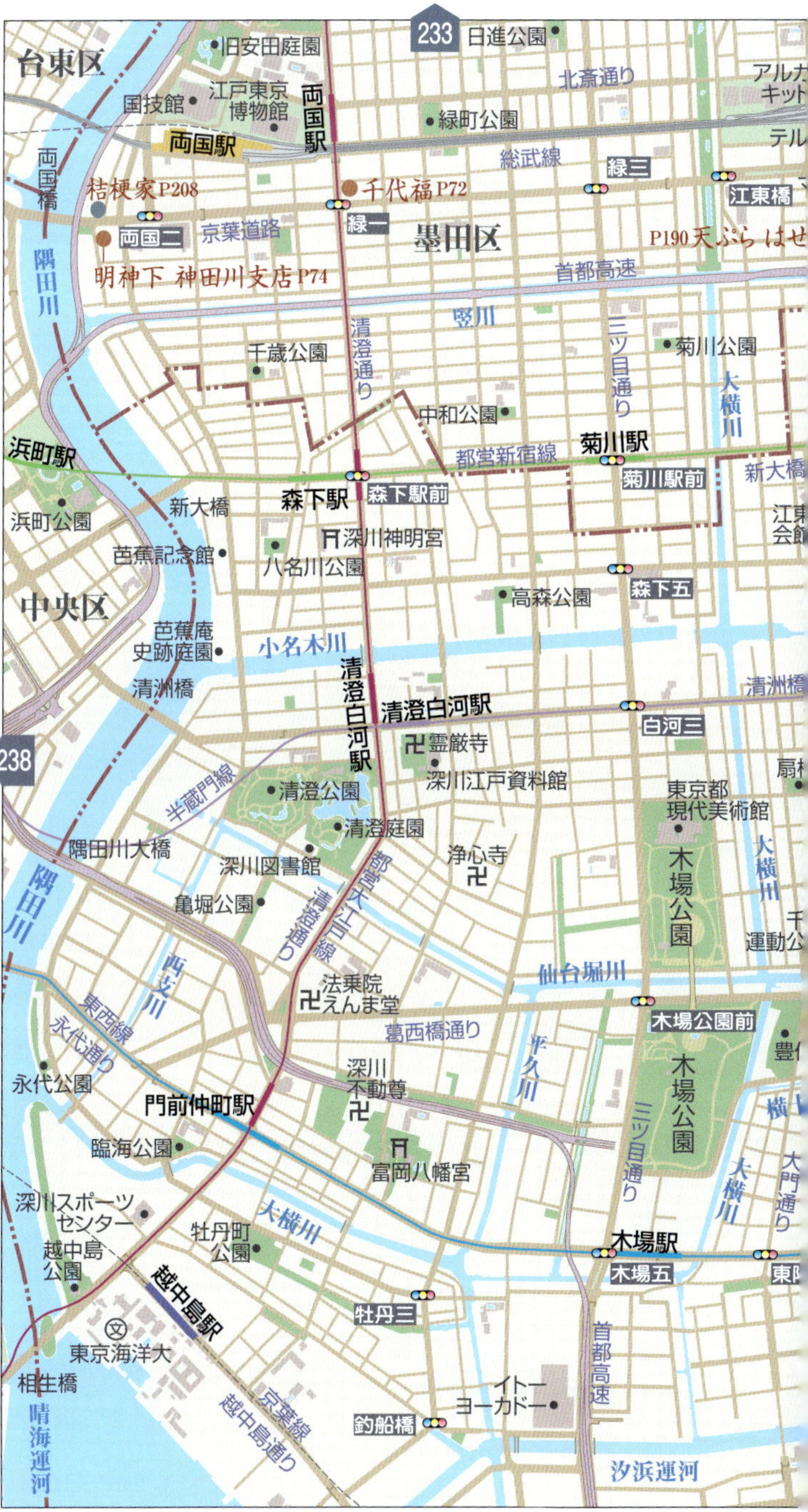

●うなぎ　●天ぷら　●どじょう

8 下北沢・三軒茶屋

234
三角橋
東大先端科学
技術研究センター
渋谷区
代田駅
下北沢駅
北沢タウンホール
駒場公園
東大駒場
キャンパス
本多劇場
池ノ上駅
日本民芸館
下北沢駅入口
京王井の頭線
五代目 野田岩
P88
池ノ上
青少年会館
駒場東大前駅
駒場野公園
世田谷代田駅
代沢三差路
森巖寺
目黒区
北沢八幡神社
円乗院
淡島通り
梅丘通り
淡島
代沢
東邦大
大橋病院
代沢十字路
池尻大橋駅
三宿・池尻
御嶽山大神
勝光院
円泉寺
池尻三公園
貝塚公園
玉川通り
東急田園都市線
茶沢通り
若林稲荷
八幡神社
太子堂三
三宿
東山公園
245
東急世田谷線
首都高速
教学院
西友
三軒茶屋駅
世田谷公園
西太子堂駅
キャロットタワー
自衛隊
中央病院
昭和女子大
三軒茶屋
保健センター
三宿病院
三宿通り
丸山公園
正蓮寺
下馬一
マルエツ
西澄寺
世田谷署前
駒留陸橋
駒繋神社
玉川通り
駒繋公園
世田谷観音
上馬公園
世田谷観音
上馬
目黒区
宗円寺
環七通り
下馬中央公園
鶴が久保公園
龍雲寺
下馬五南
マルエツ
野沢稲荷
下馬公園
野沢公園
龍雲寺
下馬通り
自由通り
サミット
野沢
目黒区
248
学芸大学駅
1:22,500
0
500m
地図の方位は真北です

8 下北沢・三軒茶屋

●うなぎ　●天ぷら　●どじょう

1:22,500　0　500m
地図の方位は真北です

9 渋谷・目黒・広尾

●うなぎ　●天ぷら　●どじょう

10 浜松町・芝公園

1:22,500
地図の方位は真北です

10 浜松町・芝公園

●うなぎ　●天ぷら　●どじょう

11 自由が丘・駒沢公園

1:22,500 0 500m

地図の方位は真北です

11 自由が丘・駒沢公園

●うなぎ　●天ぷら　●どじょう

12 五反田・大井町

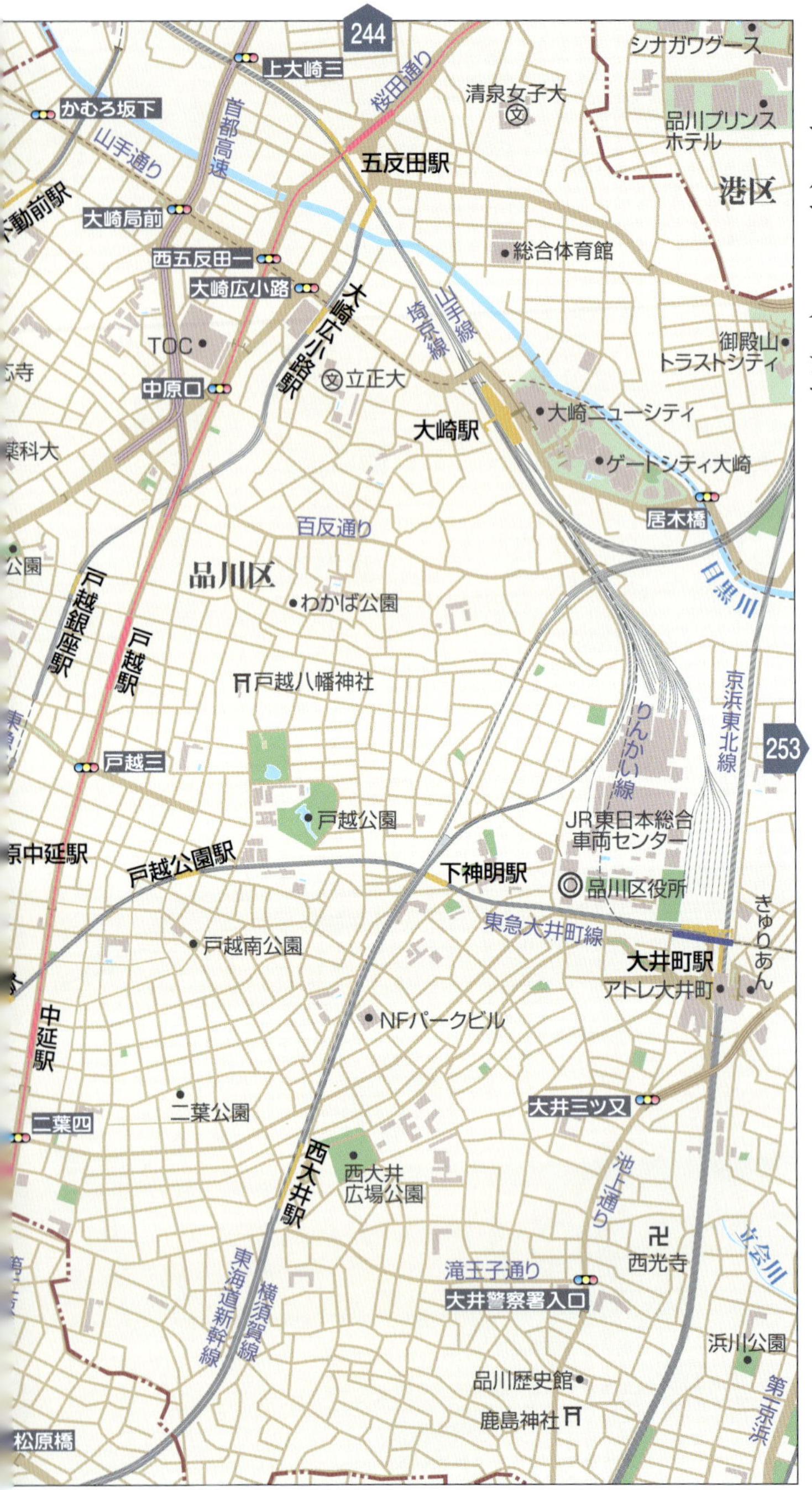

1:22,500　0　500m

地図の方位は真北です

12 五反田・大井町

●うなぎ　●天ぷら　●どじょう

1:22,500　0　500m

地図の方位は真北です

13 品川・お台場

●うなぎ ●天ぷら ●どじょう

浅草・吾妻橋周辺

1:7,000

0 200m

地図の方位は真北です

浅草・吾妻橋周辺

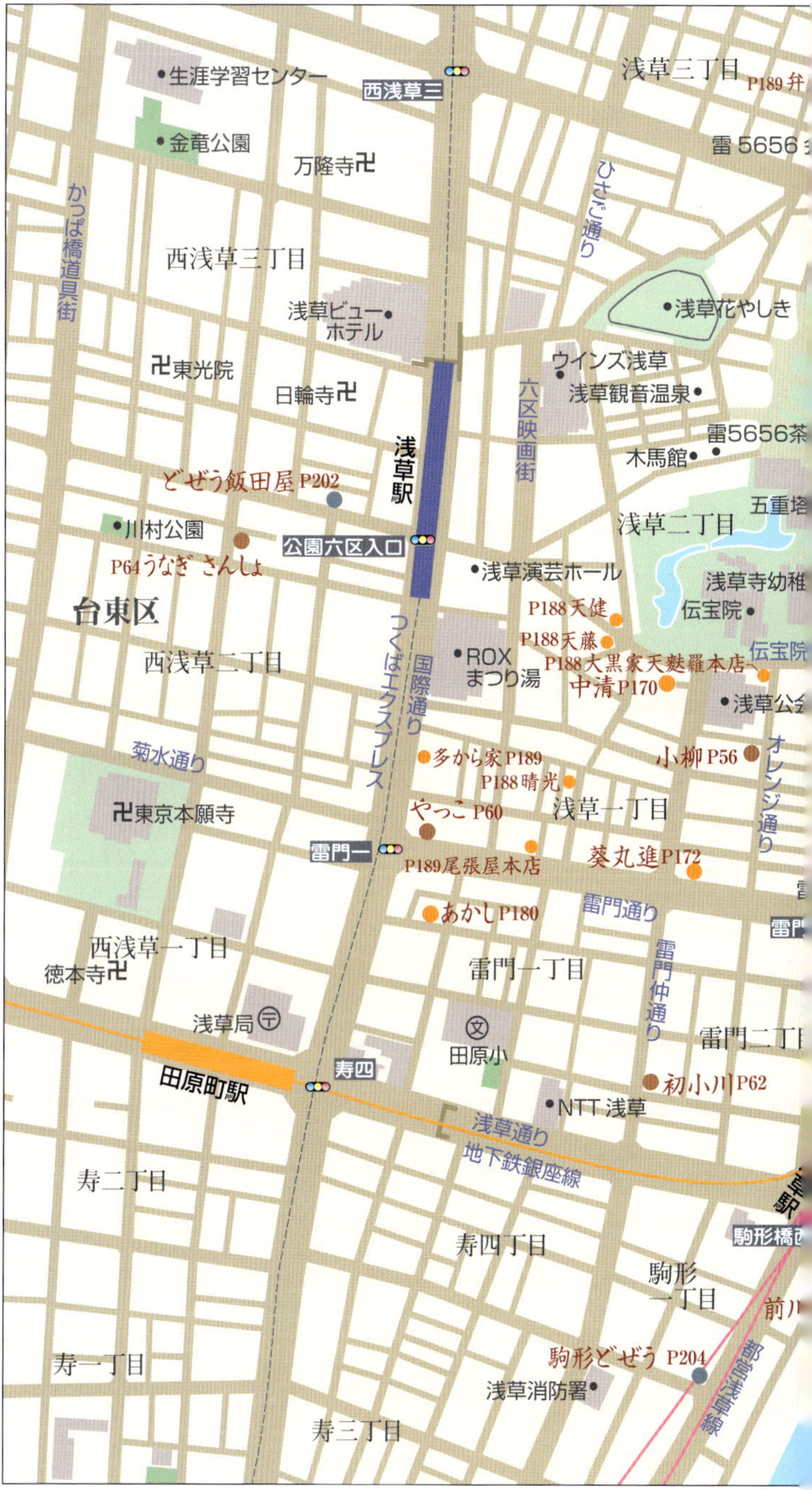

●うなぎ　●天ぷら　●どじょう

銀座・茅場町周辺

1:10,000　0　200m

地図の方位は真北です

銀座・茅場町周辺

●うなぎ ●天ぷら ●どじょう

索引

※略称でも検索できるようにしてあります。

○鰻

【あ】

赤坂 いなげ家（あかさか いなげや）……42
赤坂 ふきぬき（あかさか ふきぬき）……40
秋本（あきもと）……93
安斎（あんざい）……82
石ばし（いしばし）……48
いなげ家（いなげや／港区）……42
稲毛屋（いなげや／文京区）……44
魚政（うおまさ）……78
うなぎ 魚政（うなぎ うおまさ）……78
鰻 大和田（うなぎ おおわだ）……218
鰻 大和田 銀座コリドー店（うなぎ おおわだ ぎんざこりどーてん）……32
うなぎ 久保田（うなぎ くぼた）……20
うなぎ さんしょ（うなぎ さんしょ）……64
鰻 十和田（うなぎ とわだ）……216
うなぎ 本丸（うなぎ ほんまる）……36
鰻 やっこ（うなぎ やっこ）……60
大和田（おおわだ）……218
大和田 銀座コリドー店（おおわだ ぎんざこりどーてん）……32
尾花（おばな）……94

【か】

かぐら坂 志満金（かぐらざか しまきん）……70
割烹蒲焼 わかな（かっぽうかばやき わかな）……222
蒲焼割烹 菊家（かばやきかっぽう きくや）……224
蒲焼割烹 根ぎし宮川（かばやきかっぽう ねぎしみやがわ）……54
蒲焼 鳥かど家（かばやき とりかどや）……38
蒲焼 柳川 たつみや（かばやき やながわ たつみや）……68
亀屋 一睡亭（かめや いっすいてい）……58
川甚（かわじん）……80
川勢（かわせい／千代田区）……18
川勢（かわせ／杉並区）……84
川千家（かわちや）……76
神田川支店（かんだがわしてん）……74
神田川本店（かんだがわほんてん）……12
神田きくかわ 上野毛店（かんだきくかわ かみのげてん）……90
神田きくかわ 神田店（かんだきくかわ かんだてん）……14

菊家（きくや）……224
㐂代川（きよかわ）……28
久保田（くぼた）……20
五代目 野田岩（ごだいめ のだいわ）……34
五代目 野田岩 下北沢店（ごだいめ のだいわ しもきたざわてん）……88
小福（こふく）……50
小満津（こまつ）……86
小柳（こやなぎ）……56

【さ】

さんしょ（さんしょ）……64
志満金（しまきん）……70

【た】

たつみや（たつみや）……68
たべた（たべた）……220
竹葉亭本店（ちくようていほんてん）……24
千代福（ちよふく）……72
天然うなぎ たべた（てんねんうなぎ たべた）……220
鳥かど家（とりかどや）……38
十和田（とわだ）……216

【な】

なかや蒲焼店（なかやかばやきてん）……16
根ぎし宮川（ねぎしみやがわ）……54
野田岩（のだいわ）……34
野田岩 下北沢店（のだいわ しもきたざわてん）……88

【は】

はし本（はしもと）……46
初小川（はつおがわ）……62
ひょうたん屋（ひょうたんや）……22
ふきぬき（ふきぬき）……40
鮒忠 銀座中央通り店（ふなちゅう ぎんざちゅうおうどおりてん）……30
本丸（ほんまる）……36

【ま】

前川（まえかわ）……52
満寿家（ますや）……214
宮川本廛（みやがわほんてん）……26
明神下 神田川支店（みょうじんした かんだがわしてん）……74
明神下 神田川本店（みょうじんした かんだがわほんてん）……12

【や】

やっこ（やっこ）……60

【わ】
わかな（わかな）…… 222
和田平（わだへい）…… 66

○天麩羅

【あ】
葵丸進（あおいまるしん）…… 172
赤坂 花むら（あかさか はなむら）…… 142
あかし（あかし）…… 180
あき（あき）…… 112
阿部本店（あべほんてん）…… 128
石原（いしはら）…… 148
伊勢屋（いせや）…… 186
魚新（うおしん）…… 108
逢坂（おおさか）…… 150
お座敷天麩羅 天政（おざしきてんぷら てんまさ）…… 100
尾張屋本店（おわりやほんてん）…… 189

【か】
雷門 三定（かみなりもん さんさだ）…… 174
からくさ（からくさ）…… 184
からさわ（からさわ）…… 144
神田 天丼家（かんだ てんどんや）…… 96
神田 はちまき（かんだ はちまき）…… 106
菊亭（きくてい）…… 102
喜久や（きくや）…… 196
京橋てんぷら 深町（きょうばしてんぷら ふかまち）…… 110
京星（きょうぼし）…… 134
銀座天一本店（ぎんざてんいちほんてん）…… 130
銀座天國本店（ぎんざてんくにほんてん）…… 136
金泉（きんせん）…… 189
串天 山本家（くしてん やまもとや）…… 146
黒川（くろかわ）…… 138
近藤（こんどう）…… 124

【さ】
三定（さんさだ）…… 174
しゅん（しゅん）…… 162
新宿つな八 総本店（しんじゅくつなはち そうほんてん）…… 160
すし 天ぷら あき（すし てんぷら あき）…… 112
すず航（すずこう）…… 114
晴光（せいこう）…… 188

【た】

大黒家（だいこくや）……178
大黒家天麩羅本店（だいこくやてんぷらほんてん）……188
多から家（たからや）……189
つきじ天竹（つきじてんたけ）……132
つじ村（つじむら）……118
つな八 総本店（つなはち そうほんてん）……160
天朝（てんあさ）……122
天兼（てんかね）……164
天㐂（てんき）……166
天作（てんさく）……156
天山（てんざん）……192
天茂（てんしげ）……154
天真（てんしん）……98
天寿ゞ（てんすず）……182
天竹（てんたけ）……132
天健（てんたけ）……188
天藤（てんとう）……188
天井家（てんどんや）……96
天麩羅 葵丸進（てんぷら あおいまるしん）……172
てんぷら 阿部本店（てんぷら あべほんてん）……128
てんぷら 石原（てんぷら いしはら）……148
天ぷら 魚新（てんぷら うおしん）……108
てんぷら 逢坂（てんぷら おおさか）……150
天婦羅からさわ（てんぷらからさわ）……144
てんぷら 黒川（てんぷら くろかわ）……138
てんぷら 近藤（てんぷら こんどう）……124
天麩羅 しゅん（てんぷら しゅん）……162
天ぷら すず航（てんぷら すずこう）……114
天ぷら つじ村（てんぷら つじむら）……118
天ぷら 天真（てんぷら てんしん）……98
てん婦羅 天寿ゞ（てんぷら てんすず）……182
てんぷら 天松 東横店（てんぷら てんまつ とうよこてん）……194
天ぷら はせ川（てんぷら はせがわ）……190
天ぷら 畑中（てんぷら はたなか）……152
天ぷら 船橋屋 本店（てんぷら ふなばしや ほんてん）……158
てんぷら 味覚（てんぷら みかく）……140
てんぷら みかわ（てんぷら みかわ）……116
天婦羅みやこし（てんぷらみやこし）……168
天扶良からくさ（てんぷらからくさ）……184

てんぷらと和食 山の上（てんぷらとわしょく やまのうえ）……104
天政（てんまさ）……100
天松 東横店（てんまつ とうよこてん）……194
てん茂（てんも）……120
土手の伊勢屋（どてのいせや）……186

【な】
中清（なかせい）……170
七丁目京星（ななちょうめきょうぼし）……134

【は】
ハゲ天 銀座本店（はげてん ぎんざほんてん）……126
はせ川（はせがわ）……190
畑中（はたなか）……152
はちまき（はちまき）……106
花むら（はなむら）……142
深町（ふかまち）……110
船橋屋 本店（ふなばしや ほんてん）……158
弁天（べんてん）……189

【ま】
まさる（まさる）……176
満留賀（まるか）……189
味覚（みかく）……140
みかわ（みかわ）……116
みやこし（みやこし）……168

【や】
柳橋 大黒家（やなぎばし だいこくや）……178
矢吹（やぶき）……198
山の上（やまのうえ）……104

○泥鰌

【あ】
浅草 たつみ屋（あさくさ たつみや）……206
飯田屋（いいだや）……202

【か】
桔梗家（ききょうや）……208
駒形どぜう（こまかたどじょう）……204

【た】
たつみ屋（たつみや）……206
どぜう飯田屋（どじょういいだや）……202

【は】
ひら井（ひらい）……210

◎本書は2006年11月～2007年6月の取材をもとに制作された『東京 五つ星の鰻と天麩羅』（2007年7月初版発行）を、2017年3月～5月の取材をもとに加筆修正した改訂版です。
◎商品の価格等データは変動する場合があります。
◎「おしながき」は、各店のすべての品目ではありません。

企画・編集　小島　卓（東京書籍）
構成・編集　石井一雄（エルフ）
取材・文・撮影　五十嵐英之・内田晃・福田国士・安藤博祥・中元千恵子
編集協力　阿部一恵・白石愷親（阿部編集事務所）・村田郁宏・松尾富美恵
地図編集・製作　鈴木　隆・萩原和子（エルフ）
ブックデザイン　長谷川　理（Phontage Guild）

〔新訂版《しんていばん》〕 東京《とうきょう》 五《いつ》つ星《ぼし》の鰻《うなぎ》と天麩羅《てんぷら》

平成二十九年七月三十日　第一刷発行

監修者　見田盛夫《みたもりお》
発行者　千石雅仁
発行所　東京書籍株式会社
〒114-8524　東京都北区堀船2-17-1
電話　03-5390-7531（営業）
　　　03-5390-7526（編集）
URL=https://www.tokyo-shoseki.co.jp
印刷・製本　図書印刷株式会社
乱丁・落丁の場合はお取り替えいたします。
本体価格はカバーに表示してあります。

ISBN 978-4-487-81087-1　C2076